Klettern

Meiner Familie:
Bettina, Steffen, Ulla

Im Folgenden wird der Einfachheit halber einheitlich die männliche Anrede gewählt. Natürlich werden beide Geschlechter damit angesprochen.

Walter Schädle-Schardt

Adventure Sports

Klettern

Lehren – Lernen – Erleben

Meyer & Meyer Verlag

Die Deutsche Bibliothek – CIP Einheitsaufnahme

Schädle-Schardt, Walter:
Klettern : Lehren – Lernen – Erleben / Walter Schädle-Schardt.
– 2., überarb. Aufl. –
– Aachen : Meyer und Meyer, 2002
(Adventure Sports)
ISBN 3-89124-840-7

© 2002 by Meyer & Meyer Verlag, Aachen
Adelaide, Auckland, Budapest, Graz, Johannesburg, Miami
Olten (CH), Oxford, Singapore, Toronto
2., überarb. Aufl.
Member of the World
Sport Publishers' Association (WSPA)
Druck: Burg Verlag Gastinger GmbH, Stolberg
Printed in Germany
ISBN 3-89124-840-7
E-Mail: verlag@meyer-meyer-sports.com

INHALT

1 LEHREN, LERNEN UND ERLEBEN – EINFÜHRUNG

An den Inhalten bergsportspezifischer Literatur lässt sich ablesen, dass der Verbesserung der sportlichen Technik, der Vermittlung taktischer Grundsätze, dem Training konditioneller Leistungsvoraussetzungen (Kraft, Ausdauer und Beweglichkeit), medizinischen Aspekten, dem Sicherheitsbedürfnis und dem Umweltschutz besonderes Interesse entgegengebracht wird. Die Betrachtung des Bergsports als zielgerichtetes Handeln und intensiv in Gefühle eingebettetes Erleben bleibt nur unbefriedigend berücksichtigt.

Vereinzelt erhalten wir Einblicke in die er ebnisstarke Welt des Berg- und Klettersports. In packend erzählten Situationsschilderungen erfahren wir, wie sich Kletterer in existenziell bedrohlichen Situationen verhalten und welche Gefühlsregungen dieses Verhalten begleiten. Wir treffen auf *Angstmanagement*, *Blackouts* oder Ähnliches. Wir erfahren von der Bedeutung der Psyche als dem eigentlich stärksten *Muskel*. Ohnmacht erfüllt uns, wenn es daran geht, diesen *Muskel* – gleich den anderen – zielgerichtet in seiner Funktion zu verbessern.

Es bleibt die Bewunderung unserer Vorbilder, die, scheinbar aller Nervenstränge beraubt, seelenruhig klettertechnische Höchstleistungen zeigen. Gepaart mit unsäglicher Fingerkraft und wie an unsichtbaren Fäden gezogen, turnen diese jenseits unserer *bescheidenen* Existenz befindlichen *Spinnentiere* präzise und harmonisch gen Himmel.

Um hier etwas Abhilfe zu schaffen, soll eine Einführung in das psychophysische Bedingungsgefüge des Klettersports Anregungen zur aktiven und gezielten Beeinflussung von Verhalten und Erleben bereitstellen. Dieses Buch wendet sich an Bergsportler aller Schattierungen. Individuelles Handeln und Erleben beim Begehen einer Sportkletterroute in der Fränkischen Schweiz oder eines Klettersteigs in den Dolomiten soll klarer verstanden und das *geistige Auge* für kletterpsychologische Fragestellungen geschärft werden.

„Theorie und Praxis auf dem Wege zu einer Gebrauchstheorie" (Foto: M. Fickert)

An den Anfang stellen wir eine kleine Geschichte. Am Beispiel der Ereignisse eines Klettertags versuchen wir, die zeitliche Abfolge verschiedener Situationen zu beschreiben, die wir als alpine Kletterer, Sportkletterer, Klettersteiggeher oder Höhenbergsteiger in schöner Gleichmäßigkeit immer wieder durchlaufen. Die gewählte Form einer Erlebnisdarstellung soll Identifikation ermöglichen und zugleich einen ersten Gesamteindruck unserer *Seelenwanderung* vermitteln.

Wir werden dabei auf sieben inhaltliche Abschnitte stoßen, wovon im späteren Verlauf jeder Einzelne wieder aufgegriffen wird. Das organisatorisch bedingte Nacheinander darf nicht zu dem Schluss verleiten, dass die angeführten Themenblöcke auch am Tatort *Fels* nur nacheinander folgen. Vielmehr handelt es sich hier um ein Wirkungsgefüge der verschiedensten Vorgänge, die oft nebeneinander bestehen und sich überlagern.

Wie jeder, der einem anderen etwas zu erzählen hat, stehen wir vor der Frage: „Was und wie viel davon?" Denn regelmäßig neigt der Wildwuchs des Theoretischen dazu, den anfangs noch interessierten Leser mit einer inhaltlichen Keule zu erschlagen. Wir haben bei aller Komplexität der Themen versucht, verständlich und übersichtlich zu bleiben. Welche Aspekte des Klettersports aus sportpsychologischer Sicht besonderes Interesse verdienen, sei am Beispiel einer Geschichte erläutert.

Unsere Kletterseele heißt in einschlägigen Fachkreisen **Magic Willi** und steht als Platzhalter für die vielen Kletterhungrigen, die an Wochenenden die Abkopplung vom Alltäglichen im Heil der Felsen suchen. Ein Mensch, der bei den Worten Fels, Tritt, Griff gedanklich nicht mehr in dieser Welt weilt. Wieder einmal verspricht das Wochenende Sonnenschein und unbeschwerte Kletterfreuden. In Kenntnis dieses Sachverhalts erfolgte sofort der Griff zum Telefon. Sein Gefährte Max musste dringend unterrichtet werden. Beim Auflegen des Hörers rutschte Willi dieser aus der sonst so zangengleichen Hand heraus. Irgendwie, so konnte er beobachten, waren beide Hände leicht feucht, um nicht zu sagen, fast nass (Aktivierung). Der Tag X war gekommen. Heldenwetter und gute Stimmung versprachen nur Bestes.

Nach etwas Autofahrt und anregender Unterhaltung über Umweltschutz, Kletterverbote und Kinderwindeln traf man erwartungsvoll am frühen Nachmittag am Ort des Geschehens ein. In wenigen Minuten eilten beide zum Einstieg. Während Willi sich leicht nervös mit Blick zum Fels ins (Kletter-)Zeug legte, bereitete seinem Partner ein *gewisser Druck* Unbehagen. Man flachste dezent vom Angstwässerchen, dessen er sich im nahe gelegenen Buschwerk entledigte (Aktivierung). Aus heiterer

Stimmung wurde langsam andächtige Stille (konzentrierte Aufmerksamkeit).

Nach der eigentlich überflüssigen Frage: „Wer geht vor?", und der Antwort: „Du", begann Willi, laut aus der Erinnerung und den aktuellen Wahrnehmungen über die Art der Bewältigung der Route nachzudenken (Gedächtnis, Lernen, Üben). Nach kurzer Diskussion und einem tiefen Griff in den Magnesiabeutel – der feuchten Hände halber – startete der Ernst der Sache. Wie geplant, gelingen die ersten Klettermeter. „Das läuft gut", verriet ihm seine innere Stimme (Wahrnehmung, Informationsaufnahme und -verarbeitung). „So, jetzt pass auf", hallte es von oben nach unten (Aufmerksamkeit). Die Schlüsselstelle stand an. In anstrengender Position fingerte Willi an Käntchen, mehr oder weniger passablen Fingerlöchern oder versuchte, an kleinsten Tritten Halt zu finden.

Nach einiger Zeit, Max hatte schon einen steifen Nacken und hätte sich gerne einen Pullover übergezogen, hörte er: „So, Achtung, ich probier's.". Schon sichtlich müde kletterte Willi dann doch noch erfolgreich die vorab ausgeklügelten Bewegungen. Innerlich erleichtert, folgten die nächsten Klettermeter im leichteren Gelände.

Aber, da gab es noch das Ausstiegsproblem: Gras, abschüssig und locker. Schwindende Kräfte und die Tatsache, dass der letzte Sicherungspunkt ein paar Meter zurücklag, erzeugten den Zustand innerer Unruhe und operativer Hektik (Angst). Vergeblich versuchte Willi, sich mit Beruhigungsübungen dagegen zu wehren (Psychoregulation). Rettend erschien – gleichsam im letzten Moment – ein stabil aussehender Grasbüschel. Ein mit allen restlichen Kräften mobilisierter Griff ermöglichte es ihm schließlich doch noch, ins gewohnte Flachland zu gelangen.

Nach erfolgter Selbst- und Kameradensicherung rief Willi: „Kannst kommen." Max, der nun schon einige Zeit im Schatten der Bäume auf seinen Auftritt wartete, versuchte, sich durch ein paar Kniebeugen und Dehnübungen etwas auf das anstehende Problem vorzubereiten. Er hatte davon gehört, dass Aufwärmen nicht schaden könne (Aufwärmen). „Ich komme." Nun, das Aufwärmen schien nicht viel geholfen zu haben, denn nach den ersten Bewegungen verspürte er Gelenk- und Muskelsteife. „Irgendwie finde ich heute auf Anhieb keinen Tritt und keinen Griff." Dieser Umstand veranlasste ihn, den Versuch abzubrechen, um sich erneut zu konzentrieren. Nach einer kurzen Pause erfolgte der zweite Versuch. Jetzt klappte es schon besser. Am Ausstieg angekommen, löste sich die Anspannung. Beide vernahmen das Gezwitscher der Vögel und die wärmenden Sonnenstrahlen, die im Eifer des Gefechts der Konzentration zum Opfer fielen.

Klettern fordert individuelles Problemlösen. (Foto: M. Fickert)

Klettern bedarf einer guten Problemlösekompetenz

Ähnliche *Seelenwanderungen* ereignen sich unentwegt an schönen Sommertagen. Lösen wir uns vom Inhalt und betrachten von höherer Warte Verhalten und Erleben, so könnte man zu folgender Einsicht gelangen: Unser Handeln kann nie ohne die dazugehörige Situation, in die es eingebettet ist, gesehen und interpretiert werden. Es ist zielgerichtet und mit Erwartungen unsererseits verknüpft.

Den Ausgangspunkt dieser Wechselbeziehung zwischen unserer Person und unserem *Fels* bildet die Wahrnehmung eines mehr oder weniger unerwünschten Ausgangszustands (*Einstieg*), der in einen erwünschten Zielzustand (*Ausstieg*) überführt werden soll. Zwischen beiden liegt eine so genannte *Barriere* (die *Kletterschwierigkeit*), die uns den Vorgang des Überführens von unten nach oben erschwert oder unmöglich erscheinen lässt.

Befinden wir uns in einer solch gearteten Situation, stehen wir vor einem Problem. Wir kennen zwar unseren Ausgangszustand (A) und unseren Zielzustand (B), wissen aber vorerst nicht den Weg dorthin. Das Handwerkszeug, um den Weg von A nach B zu zimmern, liegt im konkreten Einsatz leistungsbestimmender Faktoren.

Das Ergebnis unserer sportlichen Leistungsfähigkeit müssen wir als Ausdruck verschiedener, sich wechselseitig beeinflussender Komponenten verstehen. Koordinative Leistungsvoraussetzungen (z.B. Gleichgewichtsfähigkeit, Anpassungsfähigkeit an wechselnde Bedingungen) und die Umsetzung von Bewegungskönnen hängen von konditionellen Fähigkeiten (Kraft, Schnelligkeit, Ausdauer, Beweglichkeit) ab. Persönliche Vorgaben (Gesundheit, Konstitution), Veranlagung und Persönlichkeitseigenschaften (Willensstoßkraft, Ängstlichkeit) formen ebenso unsere Leistung wie geistige Flexibilität (Einsatz unseres Bewegungskönnens, Entscheidungskompetenz) und äußere Rahmenbedingungen (Felsbeschaffenheit, Hitze, Luftfeuchte, lose Grasnarben).

Kennzeichen eines Problems

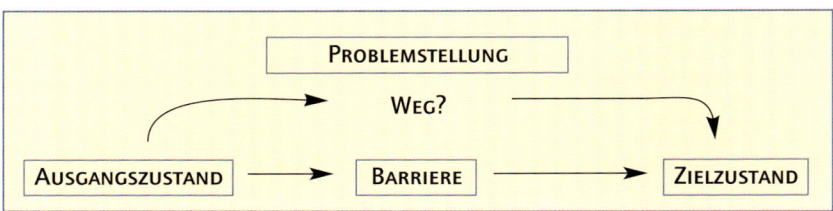

Vom Theorie- und Praxiswissen zum Gebrauchswissen

Ein zielgerichtetes und praktisch erfolgreiches Handeln im Klettersport gelingt nur, wenn wir uns um ein genaues Bild bezüglich Ursachen, Wirkungen und Maßnahmen zur Verbesserung oder Stabilisierung bergsportlicher Leistungen bemühen. Üblicherweise helfen uns hierbei langjährige Erfahrungen im Umgang mit Berg und Material. Dieser Weg hat Grenzen. Nicht alle Aspekte der sportlichen Kletterleistung lassen sich aus praktischen Eigenerfahrungen heraus systematisch erkunden und zielgerichtet beeinflussen.

Hier setzt nun der Vorteil der Theorie e n. Theorien und Modellvorstellungen liefern in allgemeiner Form Wissen darüber, welche Bausteine sich in welchen Problemen verstecken und in welchen Wechselbeziehungen diese zueinander stehen. Um nicht Veränderungen unseres Verhaltens an der falschen Stelle vorzunehmen, sollten wir uns auf den Weg begeben, beider Vorteile miteinander zu verbinden. Theorie und Praxis stehen nicht unvereinbar nebeneinander. Verknüpfen wir Theoriewissen und Praxiswissen zu einem hilfreichen Gebrauchswissen.

Theorien leisten in der Regel nur in angenäherter Form die äußerst vielschichtige Abbildung der Wirklichkeit und folgen nicht zwingend dem individuellen Verhalten (die berühmte Ausnahme von der Regel). Jeder Bergsportler ist darüber hinaus aufgefordert, seinen eigenen Weg zu firden. Die subjektive Erfahrung muss mit allgemein anerkannten Erfahrungen, den Besonderheiten seiner spezifischen Bergsportart und dem Wissen um Theoretisches zu einer gebrauchsfähigen Vorstellung darüber verschmelzen, wie man persönlich optimal einer Situation begegnet. Erst die Fähigkeit zur Synthese von Eigenerfahrung und abstrakt wirkenden Theorien führt zu kompetentem Handeln und Entscheiden.

Versuchen wir, Brücken zu bauen und Verbindungen herzustellen, zwischen dem, was wir an Eigenerfahrung einbringen können, was versierte Bergsportler uns empfehlen, was Theoretiker (die eigentlich auch nur Praktiker sind) meinen und was der gesunde Menschenverstand uns letztlich einflüstert. Unser Anliegen gilt – wie es Thomas BUDENDORFER treffend formuliert – der „Qualität des nächsten Schrittes".

Jeder von uns verfügt über eine für ihn charakteristische Art seiner Leistungsvoraussetzungen, die er in seiner Bergsportart Gewinn bringend einsetzt. Wer sich zudem seiner psychischen Leistungsfähigkeit bewusster zuwendet, sie durchdringt und fördert, wird dabei an seinen Aufgaben und Problemen wachsen. Die zur Herausbildung und Vervollkommnung psychischen Rüstzeugs nötigen Anstrengungen und Mühen, um in das *Dunkle der Seel*e hineinzuleuchten, werden mit positiven Wirkungen entlohnt. In Anlehnung an unsere Klettergeschichte werden wir folgende Bereiche aufgreifen: Wahrnehmung, Aufmerksamkeit, Aktivierung, Psychoregulation, Lernen, Üben, Angst und Aufwärmen.

Die Qualität des einzelnen Schritts definiert den Erfolg des Ganzen. (Foto: W. Schädle-Schardt)

2 VOM SINN DER SINNE

2.1 EINFÜHRUNG

J eder von uns hat, wenn er beabsichtigt, eine Kletterroute zu durchsteigen oder einen gefrorenen Wasserfall zu erklimmen, eine ganze Reihe unterschiedlich gelagerter Ausgangsbedingungen zu überprüfen, Zielvorgaben zu formulieren und Handlungspläne zu entwerfen. Die Kletterroute muss hinsichtlich ihrer Schwierigkeit, das Gestein nach seinen Reibungseigenschaften beurteilt werden. Wandneigung und Festigkeit sind zu begutachten. Die erwarteten konditionellen und technischen Anforderungen gilt es, möglichst objektiv mit unseren eigenen Leistungsvoraussetzungen zu vergleichen. Es bedarf der Einprägung des Routenverlaufs. Entscheidungen sind darüber zu fällen, wie viele und welche Haken, Klemmkeile, Bandschlingen, Friends oder Reepschnüre benötigt werden könnten. Geeignete Standplätze zum Nachholen sind ebenso festzulegen wie der gefahrlose Rückzug, u.v.a.m.

Neben den angeführten, vorrangig sachlichen, technisch-taktischen Vorbereitungen dürfen wir den uns begleitenden emotionalen Bereich ebenso nicht außer Acht lassen. Die Verarbeitung und Deutung von Gefühlsregungen ergänzt unsere Informationspalette, die wir zur Beurteilung unserer Erfolgsaussicht heranziehen müssen. Während des Kletterns informieren uns bewegungsbegleitende Rückmeldungsprozesse über den Erfolg unserer Bemühungen oder das noch bestehende Ausmaß an Abweichungen.

Die kurze Illustration verdeutlicht den Stellenwert informationsaufnehmender und -verarbeitender Prozesse. Wir versuchen, Klarheit und Orientierung in einer Situation dadurch zu schaffen, indem wir auf der Grundlage der uns vorliegenden (in der Regel unvollständigen) Informationen einen (mehr oder weniger) differenzierten Handlungsplan entwerfen, der Teilziele und Teilhandlungen zusammenführt. In der Umsetzung unseres Plans erhalten wir Rückmeldungen über dessen Güte. Zur Analyse unserer Ausgangslage ist dafür die Aufnahme von Informationen erforderlich. Signale aus der Umwelt oder unseres Körpers bedürfen der Registrierung, der Weiterleitung an ein Sinnesorgan, der Bewusstwerdung, der Bewertung und letztlich der Umsetzung, z.B. in Bewegungen.

Umweltreize, aber auch Informationen aus unserem Körperinneren, werden über Sinnesorgane aufgenommen und an das zentrale Nervensystem weitergeleitet. Erreichen die Informationen unser Gehirn, werden sie mit gespeichertem Wissen, Können, Gewohnheiten und Einstellungen verglichen, unter Einbeziehung von Wertvorstellungen und Bedürfnissen gedeutet und teilweise längerfristig festgehalten. Dort wird das, was von außen kommt, mit dem, was in unseren Köpfen darüber schon bekannt ist, in Beziehung gesetzt und danach beurteilt, welche Folgen es für das derzeitige und künftige Handeln nach sich zieht. Die Fülle der ständig eingehenden Informationen wird im Wahrnehmen geordnet und strukturiert. Wahrnehmung ist weit davon entfernt, eine direkte Erfahrung der objektiven Wirklichkeit zu sein. Sie ist vielmehr subjektive Konstruktion. „Das Abbild der Welt, das unser Gehirn uns erschließt, ist dem Original zwar ähnlich, aber ganz zweifellos nicht mit ihm identisch. Es deckt sich mit dem Vorbild an den Stellen, deren Erfassung lebensnotwendig ist. An allen anderen Stellen läßt es uns im Stich." (H. VON DITFURTH, 1980).

2.2 KÖRPEREIGENE ANTENNEN – DIE ANALYSATOREN

Damit wir Informationen, d.h. *Nachrichten* oder *Mitteilungen*, z.B. über die Lageveränderung unseres Körperschwerpunkts oder zunehmende Druckbelastungen der Fingerspitzen zur erfolgreichen Bewältigung unserer Situation nutzen können, bedürfen wir der Mithilfe so genannter *Analysatoren*.

> Unter einem Analysator wollen wir eine Einrichtung verstehen, die Informationen in eine körpereigene Sprache umformt und ans Gehirn weiterleitet.

Allen Analysatoren liegt ein gleicher funktioneller Aufbau zugrunde. Ein speziell ausgerichteter Rezeptor (z.B. das Auge) wandelt seinen physikalischen Reiz in ein körpereigenes Signal um. Dieses läuft über eine so genannte *afferente* oder *sensorische* (afferre, lat.= heranbringen) Nervenfaser (hier der Sehnerv) zum Gehirn. Dort angekommen, kann die transportierte Information von einem sensorischen Zentrum (in unserem Beispiel das Sehzentrum) wahrgenommen und uns bewusst werden.

Zur Funktionsweise eines Analysators

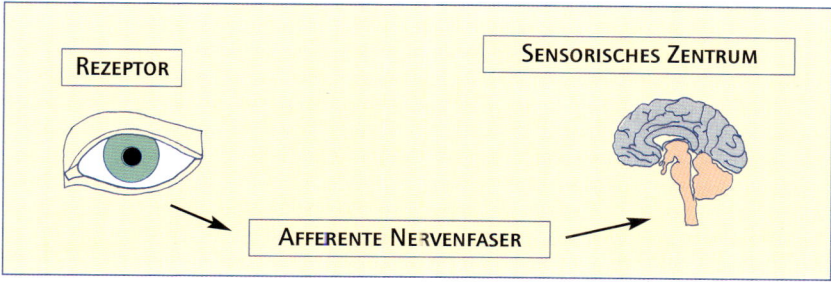

REZEPTOR

SENSORISCHES ZENTRUM

AFFERENTE NERVENFASER

Die Güte der Informationsaufnahme und -verarbeitung durch unsere Sinnesorgane ist wesentlich für koordinierte Bewegungen. Die Qualität von Sinneserlebnissen (was wir erleben und fühlen) wird durch eine Vielzahl von Rezeptoren mitbestimmt. *Propriorezeptoren* (proprio, lat. = eigen) vermitteln uns Informationen über unseren Halte- und Bewegungsapparat. Das Sehen ermöglichen uns *Telerezeptoren* (tele, griech.= fern). *Exterozeptoren* (extero, lat. = draußen) in der Haut übermitteln Tast-, Schmerz- und Temperaturempfindungen. *Interozeptoren* (intero, lat. = innerlich) vermitteln beispielsweise Herzklopfen oder Magendrücken.

Eine effektive Informationsauswahl entspricht dem gezielten Pflücken einer Blüte, wodurch eine Situation anhand weniger ausgewählter, aber aufschlussreicher Informationen schnell von uns entschlüsselt werden kann. Bei der Auswahl von Informationen (z.B.: „Wie geeignet ist der Grif ?") müssen wir unsere *Fühler* bewusst einsetzen und so ausrichten, dass damit eine besonders gute *Diagnosefunktion* erreicht wird. Es wäre sehr unökonomisch, alle Informationen zu verarbeiten oder ins Bewusstsein zu heben. Wir würden dadurch eher desorientiert als informiert durch die Welt schreiten. Einen wesentlicheren Vorgang bildet die Auswahl und die vergleichende Verarbeitung aller einlaufenden Nachrichten in der so genannten *Afferenzsynthese.* Dort wird alles Wissenswerte über den augenblicklichen Zustand unseres Körpers und die aktuelle Situation in einer Art *Zusammenschau aller bewegungsrelevanten Nachrichten* zusammengezogen.

Die Information darüber, ob wir richtig liegen, ermöglicht uns das so genannte *Rückkopplungsprinzip.* Es besagt, dass alle Sinnesdaten an unser Gehirn rückgemeldet und für nachfolgende Vorgänge zielgerichtet ausgewertet werden. Bei sehr schnellen Bewegungen, wie etwa beim Anspringen oder Anschnellen eines Griffs, kann es vorkommen, dass bewegungsbegleitende Rückmeldungen aufgrund zu langer interner Laufzeiten (die Bewegungsdauer ist hier kürzer als die Fortpflanzungsgeschwindigkeit der Informationen auf der Nervenfaser) überhaupt nicht korrigierend in die Bewegungsausführung mit eingebracht werden können. Erfolg oder Misserfolg lassen sich dann erst im Nachhinein erkennen.

Trotz vielfältiger Informationen verfügen wir gerade als Anfänger nur über eine unzureichende Fähigkeit der gezielten Informationsaufnahme und Interpretation körpereigener Rückmeldungen. Irrtümlich meinen wir, etwa das Bein gestreckt zu haben, obwohl es nach direkter Betrachtung nicht zutrifft. Dieses im Anfängerstadium vorherrschende Körperbild bedarf auch der Korrektur und Hilfe von außen. Unser Partner ersetzt anfänglich noch fehlende, differenzierte Informationen.

Gelegentlich stört nicht nur das Klappern der Karabiner die Stille des Waldes, sondern unüberhörbare Zurufe mit befehlender Stimme – „Du musst deine Hüfte ranbringen." Im Verlauf unseres Lernprozesses gewinnen wir allmählich mehr Sensibilität gegenüber den uns zur Verfügung stehenden Informationsquellen, wodurch wir unser Handeln selbstständiger regulieren und zielsicherer beeinflussen können. Noch eindrucksvoller tritt der Wert informationsliefernder Rückmeldungen zutage, wenn unzureichendes Aufwärmen oder niedrige Außentemperaturen die Empfindsamkeit der Rezeptoren drastisch vermindern. Die sonst so gewohnte Güte der Rückinformationen, wie etwa zum Spannungsgefühl der Muskulatur oder zur Haltekraft der Finger, verliert an Zuverlässigkeit und verursacht Unsicherheit. Ihrer besonderen Bedeutung wegen wenden wir uns nun etwas ausführlicher den folgenden Sinnen zu: *dem Sehen, dem Hören, dem Tasten, dem Gleichgewichts-empfinden, dem Bewegungssinn und dem Schmerzsinn.*

Bei sehr schnellen Bewegungen sind wir erst nach Ausführung in der Lage, die erhaltenen Rückmeldungen zu deuten. (Foto: M. Fickert)

2.3 BEITRAG UND FUNKTION DER SINNE

Sehen

Unser Sehen nimmt beim Erlernen und Ausführen von Bewegungen einen hohen Stellenwert ein. Erlernen wir Klettertechniken, sind wir gezwungen, unser Augenmerk vorerst jeder Teilbewegung bewusst zuzuwenden. Alleine über unseren Sehsinn vermögen wir anfänglich, Bewegungsvorstellungen aufzubauen und die Präzision unserer Bewegungsbemühungen zu kontrollieren. Ein Rückgriff auf andere – im späteren Könnensstadium bedeutendere – Rückmeldungen (z.B. Spannungsempfindungen der Muskulatur) bleibt uns noch verwehrt.

Die Blickrichtung bestimmt den Weg. (Foto: G. Köstermeyer)

Mit der Zunahme unseres Könnens nimmt die leitende Rolle der Augen ab. Neu gewonnene Empfindungen anderer Sinne treten hinzu und lassen uns die Ausführung der Bewegung differenzierter wahrnehmen. Wir müssen nun nicht mehr hinschauen, ob unser Bein gestreckt ist, wir spüren es. Auch versetzt uns die Wahrnehmung über die Augen in die Lage, Druck-, Spannungs- oder Schmerzempfindungen sich anbahnender Ereignisse vorwegzunehmen, wodurch wir fein abgestimmte Bewegungen und Krafteinsätze planen können. Die Aufnahme visueller Eindrücke über den eigenen Bewegungsvollzug ist nur eingeschränkt möglich, jedoch nicht unbedeutsam. Arme und Beine durchstreifen unser Gesichtsfeld und verlaufen somit mehr oder weniger bewusst unter direkter optischer Kontrolle. Selbst was wir nicht zentral und scharf sehen, sondern am Rande (so genanntes *peripheres* Sehen), wird beachtet. Ein heruntergerutschtes Stirnband oder eine zu tief sitzende Mütze veranschaulichen uns hautnah und einprägsam die verminderte Orientierung.

In der Auswahl der Informationen kommt dem Auge eine führende Rolle zu, da mit der Blickrichtung auch schon die Aufmerksamkeitsrichtung festgelegt ist. Je nach Könnerblick, führt die visuelle Abtastung einer Felsstruktur innerlich zur gedanklichen Vorwegnahme von Griff- und Trittkombinationen. Die erste Betrachtung einer Kletterroute lässt uns mögliche Fortbewegungspunkte erkennen, die wir vor unserem geistigen Auge auswählen und zu einer Bewegungsvorstellung zusammenfügen. Frühere Erfahrungen leiten unsere Gedanken, wie das Kommende bewältigt werden soll. Dabei sehen und interpretieren wir die Felsoberfläche in der Weise, wie unser Wissen uns rät, wie der eintreffende optische Eindruck über Struktur und räumliche Anordnung möglicher Tritte und Griffe als Fortbewegungshilfe zu bewerten ist.

Mit dem Fundus unserer Erfahrungen bestimmen wir erheblich die Auswahl der kommenden Kletterbewegungen. Dabei werden wir unbewusst Klettertechniken favorisieren, die sich im Laufe unserer persönlichen (Kletter-)Lerngeschichte als erfolgreich erwiesen haben. Beherrschen wir die Steigtechnik an Fingerlöchern und kleinen Käntchen, werden wir die eingehenden Informationen primär daraufhin prüfen, inwieweit der Einsatz unserer beliebten Techniken möglich ist. Sich anbietende alternative Lösungsmöglichkeiten bleiben uns verborgen.

Mit welchen Augen wir eine Route betrachten, entscheiden gewachsene Vorlieben für bestimmte Bewegungstechniken. Jeder von uns hat seine Welt – zumindest teilweise – bereits im Kopf. Etwa aus diesem Grund verhungert ein Frosch,

Kreatives Klettern gründet auf der exzellenten Aufbereitung eingehender Informationen. (Foto: M. Fickert)

auch wenn in seiner unmittelbaren Nachbarschaft der Fliegentisch reichlich mit betäubten Köstlichkeiten gedeckt wäre. Er trägt in seiner visuellen Landkarte nur, was sich fliegend durch sein Gesichtsfeld bewegt. Die regungslose Fliege vermag er nicht zu sehen. So, wie dem Frosch die sitzende Fliege entgeht, dürfte uns das eine oder andere Klettererlebnis vorenthalten bleiben.

Unser aktiver Wahrnehmungsprozess ist natürlichen Veränderungen unterworfen. Ein in den Anfängen gekletterter Sechser wird von uns Jahre später mit ganz anderen Augen gesehen und von veränderten Gefühlsregungen begleitet. Dieser Umstand lässt sich damit begründen, dass wir objektiv gleich gebliebene Informationen unter dem Einfluss eines erweiterten Wissens- und Könnensstands andersartig verarbeiten und damt auch zu unterschiedlichen Ergebnissen kommen werden.

Auch wechselnde Umgebungsbedingungen greifen hier ein. Eine Kletterroute kann zu verschiedenen Tageszeiten einen unterschiedlichen Eindruck hinterlassen. Nicht nur tageszeitlich bedingte Schwankungen in der Leistungsbereitschaft unseres Organismus sind hierfür verantwortlich. Allein wechselnde Lichtverhältnisse spielen in unseren Köpfen mit dem Erscheinungsbild von Felsstrukturen. Griffe und Tritte verändern ihr Gesicht und können daraufhin qualitativ unterschiedlich interpretiert werden.

Ergänzend werden Informationen auf dem Hintergrund unseres Wissens/ Könnens und aktueller Interessen und Gefühle mit *eingebildeten* Informationen angereichert, die in ähnlichen Situationen erfahrungsgemäß zu finden sind. Dies geschieht unabhängig davon, ob sie in der vorliegenden Situation auch wirklich zutreffen. Daraus resultieren *Kenn-ich-doch-Eindrücke*. Diese Erinnerungstäuschungen sind auf eine situativ falsche Informationsverarbeitung und -aufbereitung zurückzuführen. Die unpassende Wahrnehmung löst in uns Handlungsstrategien aus, die möglicherweise ganz und gar nicht oder nur unzureichend zum Ziel führen.

Hören

Bewegungsbegleitende Geräusche liefern uns technisch-taktische Nachrichten (z.B. Zurufe unseres Partners, das Klicken des Karabiners oder Geräusche beim Seillauf).

Tasten

Unser Tastsinn unterstützt uns im Erfühlen der Haltepunkte und beim Abschätzen der Reibungseigenschaften. Besonders verschwenderisch sind Druck- und Tastpunkte an den Fingerkuppen und Fußsohlen vorhanden. Neben der mechanischen Reizung der Oberhaut reagiert er auch auf Spannungsveränderungen im tiefer liegenden Gewebe.

Er gibt Hinweise auf die Körperlage (z.B. durch das Tragen enger Kletterhosen erfühlen wir durch den sich verändernden Druck des Materials beim Bewegen verschiedene Winkelstellungen und Bewegungsweiten der Beine), zu Druckverhältnissen an Fußsohlen und Fingerspitzen, ermöglicht Gerätekontrollen (z.B. offener Schuh), gibt Hinweise zur Bewegungsauslösung (z.B. „Zupacken, Griff erfühlt!") und zu bewegungsbegleitenden (z.B. Hafteigenschaften) und bewegungsunterstützenden Rückmeldungen (z.B. „Knie am Fels!").

Gleichgewicht

Unser Gleichgewichtsorgan im Innenohr ermöglicht uns die Orientierung in den drei Ebenen des Raums. Es spricht nicht direkt auf äußere physikalische Reize an, wie etwa unser Auge, sondern registriert z.B. Art und Intensität unserer geradlinigen Fortbewegung (Linearbeschleunigung, z.B. freier Fall, Sturz) oder der Winkelbeschleunigung beim Drehen unseres Kopfs. Gleichfalls führen stabilisierende Ausgleichsbewegungen zu einer mechanischen Reizung von Sinneshärchen im Innenohr.

Schon 1925 beschrieb Walther FLAIG treffend die Bedeutung des Gleichgewichts beim Klettern: „Die Kunst des Felskletterns ist keine rohe Kraftentfaltung wie etwa das Schwergewichtheben oder ähnliche kraftsportliche Tätigkeiten. Im Gegenteil – es ist ein wunderbar leichtes Spiel des Gleichgewichtes, unter Ausnutzung der körperlichen Hebelkräfte." Sportkletterer (6. Grad aufwärts) zeichnen sich durch hohe Gleichgewichtsleistungen aus im Vergleich zu Kletterern, die sich im 3. bis 6. Grad wohl fühlen. Schon ein einfacher Gleichgewichtstest („Stehen auf einem rollenden Brett") fördert diesen Unterschied augenscheinlich zutage.

Gleichgewichtsvergleich – Balancieren auf dem Rollbrett

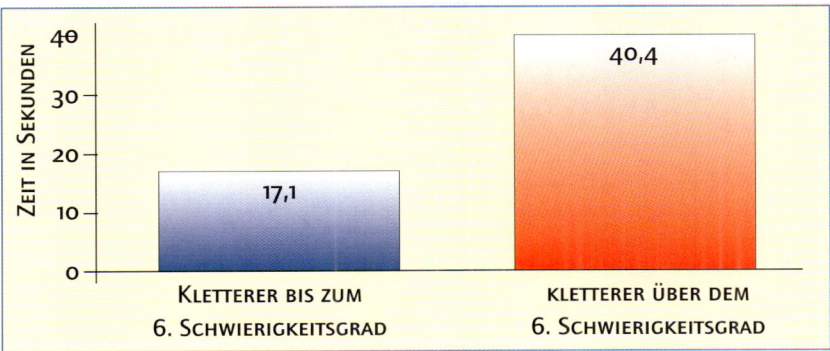

Muskelgefühl

Beugen wir unseren Unterarm gegen den Oberarm, nehmen wir dabei die Richtungsänderung, die Geschwindigkeit und die begleitenden Spannungsgefühle der Muskulatur wahr. Rückmeldungen des kinästhetischen Analysators lassen uns dieses Körperbild bewusst werden. *Kinästhetisch* bedeutet bewegungsempfindend.

Zum kinästhetischen Analysator gehören Rezeptoren, die sich in allen Muskeln, Sehnen und Gelenken wieder finden. Als Rezeptoren zur Lage- und Bewegungsempfindung kennen wir die Muskelspindeln, die Sehnenrezeptoren und Nervenendigungen in den Gelenkkapseln und Bändern. Am Übergang der Muskulatur in die Sehne liegen die *Sehnenrezeptoren* oder GOLGISCHE *Sehnenspindeln*. Sie reagieren sowohl bei Dehnung wie auch bei Entspannung der Sehne. Gelenkrezeptoren zeigen uns Änderungen in der Gelenkstellung und der Bewegungsgeschwindigkeit an.

Muskelspindeln sind (2-10 mm lange und etwa 0,2 mm dünne) Gebilde im Inneren eines Muskels, deren Enden im Muskel fixiert sind. Die fest integrierte und parallele Anordnung zur Muskelfaser ermöglicht, dass dadurch die Bewegungen des Muskels zwangsläufig mit ausgeführt werden. Zum Kernstück der Muskelspindel gehört ein Rezeptor, der bei Dehnung und aktiven Spannungsveränderungen der Muskulatur erregt wird und diese Erregung als Nachricht dem Gehirn zuleitet. Die Anzahl der Muskelspindeln ist dort besonders hoch, wo Muskeln für feinkoordinierte Bewegungen verantwortlich sind (z.B. Hand, Gesicht).

Spannungsgefühle, insbesondere in der Unterarmmuskulatur, geben dem erfahrenen Kletterer präzise Auskunft darüber, ob überhaupt und wie lange etwa eine bestehende Belastung der Muskulatur (noch) durchgehalten werden kann. Über die Spannungsempfindung lassen sich potenzielle Restkletterzeiten abschätzen. Auf der anderen Seite steuern Regenerationsgefühle und Gefühle für Körperfunktionen (z.B. nachlassende Verspannungen, Verminderung der Atem- und Herzfrequenz) unbewusst individuell passende Erholungszeiten.

Verhaltenssicherheit und Stabilitätsgefühl verknüpfen sich daher eng mit Wahrnehmungen aus den Bewegungssinnen. In seiner Gesamtheit liefert der kinästhetische Analysator Neuigkeiten über Empfindungen vor, während und nach einer Bewegung, lässt uns den Rhythmus (Wechsel von Anspannung und Entspannung in der Muskulatur) erfühlen und regelt unser Timing (räumlich-zeitliches Abstimmen). Der geübte und erfahrene Kletterer regelt die Güte seiner Kletterbewegungen über Rückmeldungen des kinästhetischen Analysators. Die im Anfängerstadium noch dumpfen und undifferenziert wirkenden Eindrücke über Spannungsempfindungen oder Gelenkwinkelstellungen erhalten mit fortschreitender Übung neue Qualität. Durch die zahlreichen Wiederholungen von Kletterbewegungen gewinnen wir allmählich ein recht klares Bild bewegungsbegleitender Gefühle aus der Muskulatur, den Sehnen und Gelenken und ihrer Bedeutung.

Schmerzsinn

Die Schmerzwahrnehmung (Nozizeption) findet über die Verschmelzung der Erregung verschiedener Schmerz signalisierender Nervenfasern statt. An der Schmerzwahrnehmung sind eigentlich alle Sinne beteiligt. Denn, erreicht ein Reiz eine besonders hohe Intensität, fühlen wir Schmerz (z.B. Druckschmerz, Blendschmerz, Hörschmerz). Besondere Schmerzempfänger nennen wir *Nozizeptoren*. Jeder Quadratzentimeter unserer Haut enthält Hunderte solcher Schmerzantennen. Im Gehirn werden Schmerznachrichten in unterschiedlichen Bereichen komplex zum Schmerzerlebnis verarbeitet. Starke Schmerzempfindungen hemmen bekanntlich Bewegungen und bewirken eine Ruhigstellung. Aber im gewohnten und absichtsvoll herbeigeführten Umgang mit schmerzbringenden Anlässen (z.B. Klettern an kleinen Fingerleisten) lernen wir, den Schmerz zu tolerieren und neu zu interpretieren. Wir ziehen aus dem Schmerzerlebnis Rückschlüsse auf den Verlauf der Spannungsentwicklung oder unsere Haltekraft. Leichter Schmerz aktiviert uns, hält uns dazu an, die schmerzhaft erwartete Situation schnell und konzentriert zu überwinden. Insbesondere im Sportklettern kommen wir an Grenzen, die unserer üblichen Schmerzbewertung eine neue Sichtweise abverlangen.

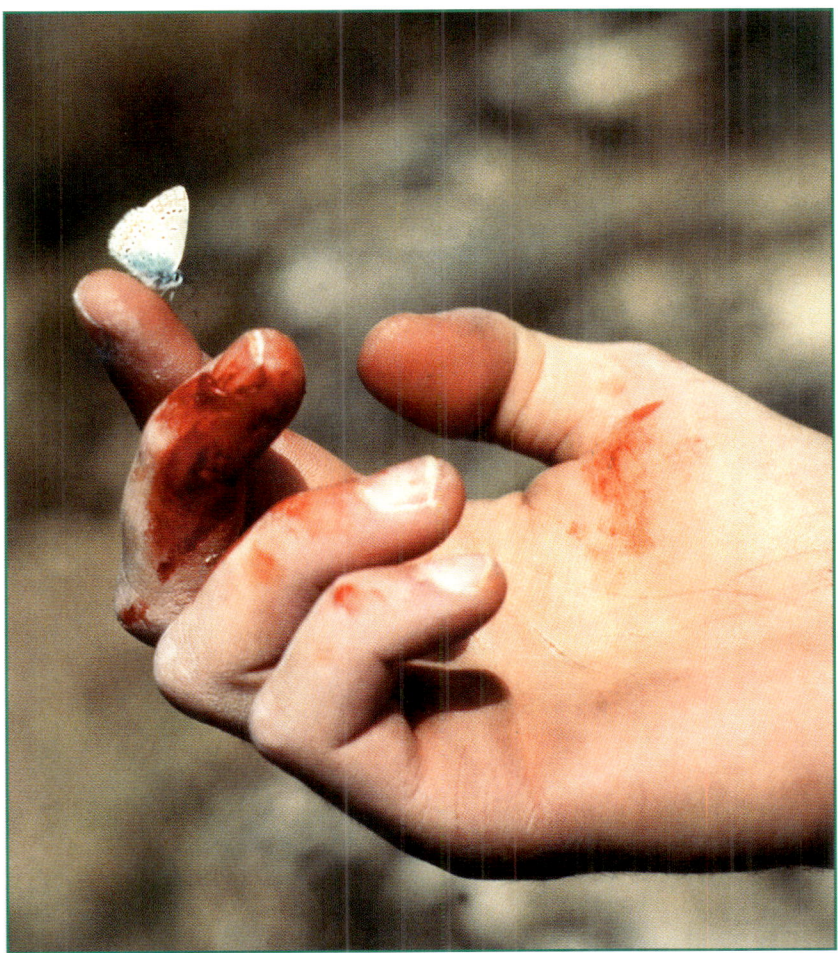

Mögliche gesundheitliche Spätschäden werden dem Wunsch nach Grenzbelastung untergeordnet. (Foto: M. Fickert)

3 AKTIVIERUNG – OPTIMAL, NICHT MAXIMAL

3.1 EINFÜHRUNG

Vorfreude auf ein Kletterwochenende, feuchte Hände beim Betrachten eines Kletterfilms oder ein Angstwässerchen auf dem Weg zum Einstieg sind Anzeichen unseres Körpers, dass er im Begriff ist, uns für Kommendes zu rüsten, zu aktivieren. Der Organismus sitzt in den Startlöchern.

> Aktivierung bezeichnet einen generellen Vorgang der Freisetzung energetischer Potenziale, der uns befähigt, Aktivitäten zu beginnen und in Gang zu halten. Der Vorgang der Aktivierung führt uns in einen Zustand der Aktiviertheit und meint damit ein „zentral-nervöses Erregungsniveau, das sich erlebnismäßig als Wachheit, innere Angespanntheit, Erregtheit oder als deren Gegenteil durch Schlaf, Schläfrigkeit, Entspanntheit ausdrückt".

Schematische Darstellung der Aktivierungsspanne

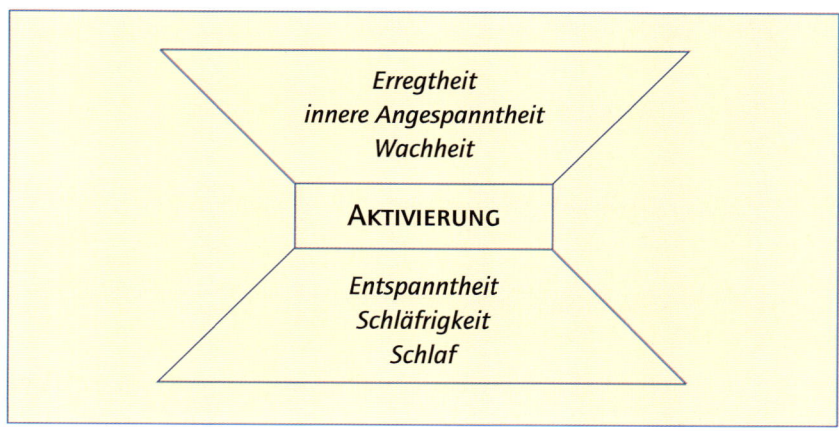

Erregtheit
innere Angespanntheit
Wachheit

AKTIVIERUNG

Entspanntheit
Schläfrigkeit
Schlaf

Ständig wechselnde situative Einflüsse und Umgebungsbedingungen veranlassen unser Gehirn zur angemessenen Veränderung unserer Aktivierung. Wenn Umweltreize oder Reize aus dem Körperinneren auf Rezeptoren treffen, entstehen afferente, d.h. in Richtung Gehirn abgefeuerte Nervenimpulse. Diese Impulse werden über *sensorische* (sensorisch = die Sinnempfindung betreffende) Nervenbahnen zu den sensorischen Abschnitten unserer Großhirnrinde weitergeleitet.

Einst und heute: Startfieber, Startapathie oder optimale Aktivierung sind von außen in der Regel nicht zu erkennen. (Fotos: H. Löffler / W. Schädle-Schardt)

Auf dem Weg dorthin durchlaufen sie eine Struktur im Gehirn, das so genannte „aufsteigend, retikulär aktivierende System", kurz ARAS. Das retikuläre System versetzt unser Gehirn in einen diffusen Erregungs- oder Alarmzustand. Art und Ausmaß dieses Vorgangs bestimmen unsere Aktivierung. Die Erregung des ARAS beeinflusst die Aufnahmefähigkeit der Hirnrinde für die Vielzahl uns zugeleiteter Nachrichten aus den verschiedenen Sinnesorganen, wodurch z.B. die Kreislaufregulierung, das Bewegungssystem oder die Qualität unserer Informationsaufnahme wesentlich beeinflusst wird. Der Zustand allgemeiner Aktivierung ist nicht nur die Folge afferenter Rückmeldungen, sondern wird auch von höheren Zentren (wie z.B. limbisches System, Großhirnrinde) direkt stimuliert.

Die Erfahrung unsererseits, dass allein schon der Gedanke an eine Klettertätigkeit unseren Ruhepuls (Zeuge unseres Aktivierungszustands) beschleunigen kann, verdeutlicht diesen Vorgang. Im Zuge einer allgemeinen Aktivierungserhöhung kommt es zu einer gesteigerten Tätigkeit des Sympathikus. Dieser Nerv des vegetativen Nervensystems wird als *Leistungsnerv* bezeichnet, dessen Aktivität alle notwendigen Umstellungen für eine erhöhte Energiebereitstellung (z.B. Mobilisierung energieliefernder Substanzen wie Fett und Zucker) im Organismus fördert. Er versetzt den Organismus in die Lage, mit Leistungen aufzuwarten, die über das Alltägliche hinausgehen.

3.2 AKTIVIERUNG UND LEISTUNG

Vorstartzustand

Herzklopfen, Fingerzittern, Urindrang und feuchte Finger sind spürbare Hinweise unserer aktuellen Aktivierungslage. Eine grundlegende, leistungsbestimmende Bedeutung trägt der Aktivierungszustand im Vorfeld eines Klettervorhabens. Dieser *Vor-dem-Start-Zustand* (Vorstartzustand) variiert zwischen drei Grundformen: Startfieber, Startapathie und optimaler Aktivierung.

> Startfieber signalisiert ein extrem hohes Aktivierungsniveau. Ein optimaler Erregungsgrad bezeichnet eine aufgaben- und situationsangemessene Aktivierungslage. Startapathie deutet auf eine extrem niedrige Aktivierung hin.

Startfieber

Erleben wir eine Situation als besonders anregend oder gar bedrohlich, kann dies in einen übermäßig ausgeprägten Vorstartzustand münden. Man bezeichnet diesen Zustand als Startfieber. Er führt uns in eine krisenhafte Situation und gibt sich z.B. durch Muskelzittern, Nervosität, Hast, Konzentrationsschwäche, Vergesslichkeit, Angst, Verkrampfung oder gestörte Ausführung von Bewegungen zu erkennen.

Startapathie

Startapathie kann Ausdruck einer so genannten *psychovegetativen Kippreaktion* sein. Hier gewinnt der beruhigende, der Erholung und dem Aufbau dienende Nerv unseres vegetativen Nervensystems (Vagusnerv) die Oberhand. Im Sinne einer überstarken Schutzhemmung vor dem anstehenden Ereignis kommt es zu Müdigkeit, Schweregefühl, zum Nachlassen der Wahrnehmungs- und Denkprozesse, zu Lustlosigkeit und schlechter Stimmung.

Der Vorstartzustand wird bestimmt von der persönlichen Leistungsfähigkeit, der aktuellen Leistungsbereitschaft, der Wettkampferfahrung, der Motivation, der psychischen Belastbarkeit und dem subjektiv empfundenen Schwierigkeitsgrad der objektiv gegebenen Situation. Mit welcher Aktivierungslage wir reagieren, ist individuell. In den folgenden Abbildungen wird am Beispiel Hallenklettern und Abseilen am Fels deutlich, dass vor und zwischen Kletterreien und beim Abseilen immer ein Vorstartzustand zu beobachten ist, der unseren Puls 20-40 Schläge pro Minute höher schlagen lässt, als es das Nichtstun eigentlich erwarten ließe.

Vorstartzustand – Beispiel Hallenklettern

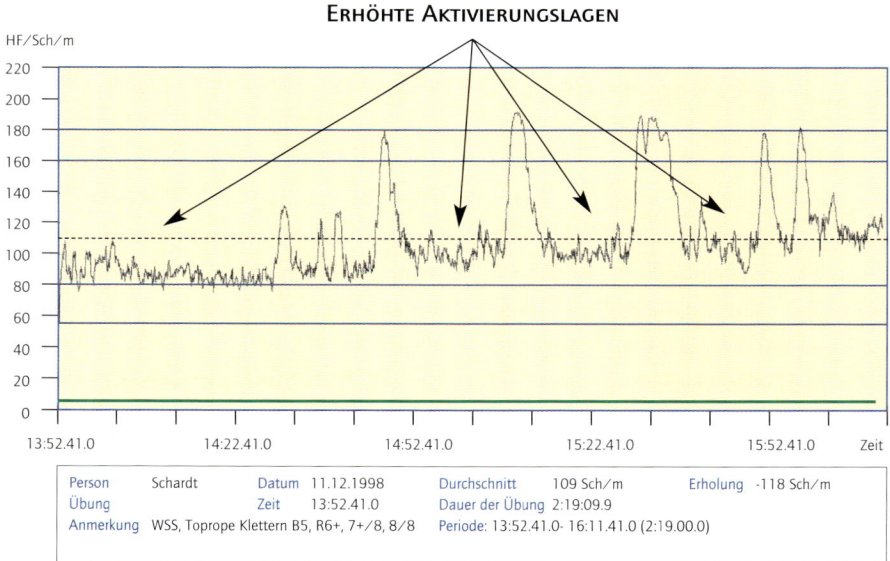

Person	Schardt	Datum	11.12.1998	Durchschnitt	109 Sch/m	Erholung	-118 Sch/m
Übung		Zeit	13:52.41.0	Dauer der Übung	2:19:09.9		
Anmerkung	WSS, Toprope Klettern B5, R6+, 7+/8, 8/8			Periode: 13:52.41.0- 16:11.41.0 (2:19.00.0)			

Die Betrachtung der Aktivierungslage nur auf den Zeitraum unmittelbar vor einer Klettertour genügt nicht, da sich gerade in länger dauernden Kletterfahrten die durchlebten Situationen und Anforderungen an die optimale Aktivierung oft ändern. Ein Gehen am Grashang, das Überwinden eines Überhangs oder das Rasten hat sein eigenes, optimales Aktivierungsniveau. Störend wirkt, wenn zu viel oder zu wenig aktiviert wurde.

Vorstartzustand – Beispiel Abseilen am Fels

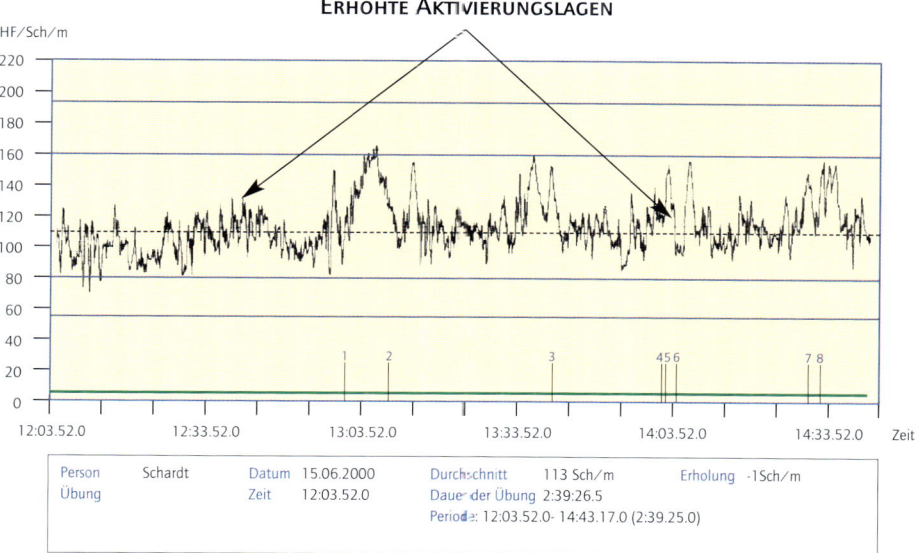

ERHÖHTE AKTIVIERUNGSLAGEN

Person	Schardt	Datum	15.06.2000	Durchschnitt	113 Sch/m	Erholung	-1 Sch/m
Übung		Zeit	12:03.52.0	Dauer der Übung	2:39:26.5		
				Periode: 12:03.52.0- 14:43.17.0 (2:39.25.0)			

Verschiedene Personen zeigen in gleichen Situationen aufgrund differierender Lebenserfahrungen und Persönlichkeitseigenschaften durchaus eine sehr voneinander abweichende Aktivierung. In der personalen Zusammenstellung und Aufgabenverteilung einer Seilschaft sollte daher durchaus auf unterschiedliche Aktivierungsverläufe Rücksicht genommen werden. Entscheidend ist dabei, wann und wodurch der Einzelne sein Optimum erreicht. Ein optimales Aktivierungsniveau vor dem Klettern (z.B. beim Anmarsch) bedeutet nicht zwingend eine noch bestehende optimale Erregungslage am Einstieg, nach den ersten Klettermetern oder gar in einer kniffligen Situation. Übererregtheit vor dem Start heißt noch nicht Überaktivierung beim Klettern. Durch Eigenbeobachtung sollten wir unsere individuellen Erregungsverläufe spüren lernen und diese in die Planung und Vorbereitung mit einbeziehen.

Die Praxis zeigt, dass der Erfahrene über die Fähigkeit verfügt, bereits im Vorfeld Über- bzw. Unteraktivierungszustände so zu regeln, dass er zum Zeitpunkt des Wettkampfbeginns sein optimales Aktivierungsniveau erreicht. Dieses Vermögen scheint umso bedeutender, da ein hohes und als unangenehm erlebtes Aktivierungsniveau dazu verleitet, über das Verlassen der Situation in eine angenehmere Gefühlslage zu gelangen. Solch ein Vermeiden – und das wird im Kapitel 7 „Angst" deutlich – verstärkt unser Fernbleiben. Die Chance einer künftigen Annäherung und erfolgreichen Bewältigung einer wiederholt gemiedenen Situation wird schwieriger und kann in extremen Fällen nahezu ausgeschlossen werden. Daher ist es umso wichtiger, den richtigen Aktivierungszustand herzustellen. Innerhalb bestimmter Grenzen können wir Einfluss auf die Ausprägung unseres Aktivierungsniveaus nehmen. Zur Beeinflussung des Vorstartzustands empfiehlt es sich, ein Aufwärmprogramm zu absolvieren. Aufwärmen vermag das Startfieber zu dämpfen oder die zu niedrige Aktivierung apathischer Vorstartzustände zu steigern.

Die Beziehung zwischen Aktivierung und Leistung

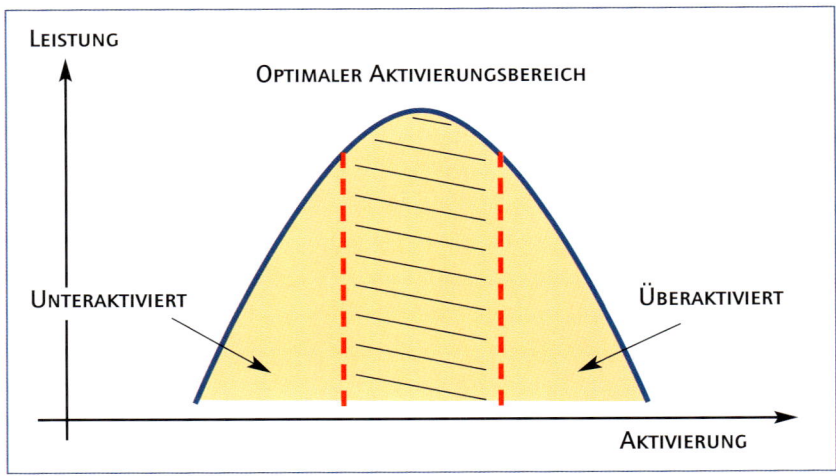

Zunehmende Aktivierung soll uns in einen Zustand erhöhter Leistungsbereitschaft und -fähigkeit versetzen. Dabei folgt anfänglich aus einer ansteigenden Aktivierung auch eine Zunahme unseres Leistungsvermögens. Ein Überschreiten der Aktivierung über ein optimales Niveau hinaus führt dann jedoch zu Leistungseinbußen. Wer es nicht glaubt, möge versuchen, vor einer Prüfungssituation einen Faden durch ein Nadelöhr zu führen oder erinnere sich an die so genannte *Nähmaschine*, die eine gelassene Gleichgewichtsposition im Fels erschwert.

Erfahrungswerte deuten auf eine umgekehrt u-förmige Beziehung hin zwischen Aktivierung auf der einen und Leistung auf der anderen Seite (Gesetz von YERKES-DODSON 1908). Sowohl ein zu niedriges als auch ein zu hohes Aktivierungsniveau mindern optimale Leistungen. Jede K ettertätigkeit benötigt einen optimalen Bereich der Aktivierung, keinen maximalen. Worauf nun schlechtere Leistungen zurückzuführen sind, lässt sich wie folgt erk ären.

Beziehung zwischen Aufgabenart und Aktivierungsniveau

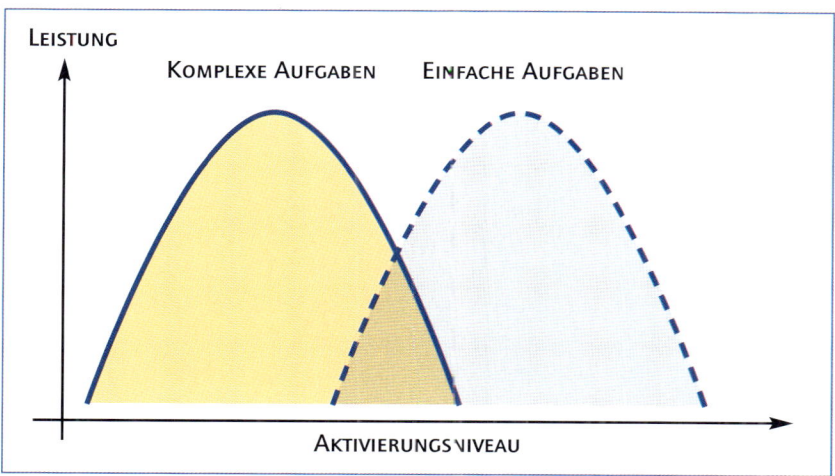

Einengung und Selektion

Neben Verkrampfung, höherem Krafteinsatz und Nervosität führt ein Ansteigen der Aktivierung zu einer Fokussierung unseres Wahrnehmungsraums, z.B. unseres Sehfelds. Der Vorgang erleichtert die intensivere Zuwendung zu wichtigen Informationen. Der Nachteil liegt offensichtlich in der Aussparung unter Umständen wichtiger Nachrichten, z.B. anderer Sinne. Durch einen ansteigenden Grad der Aktivierung werden irrelevante Reize ausgeblendet. Die Ausfilterung erfolgt zugunsten aufgabenrelevanter Informationen und führt zu einer Steigerung der Leistung.

Kommt es zu einer weiteren Zunahme der Aktivierung, erhöht sich die Wahrscheinlichkeit, dass selbst relevante Informationen von einer Ausgrenzung betroffen werden, was schließlich zu einem Abfall der Leistung führt. Da koordinativ schwierigere Bewegungen einen höheren Anteil an Informationen benötigen und eine komplexere Zusammenschau einfordern als leichtere, sollte das optimale Aktivierungsniveau bei anspruchsvollen Kletterbewegungen niedriger liegen, da eine höhere Aktivierung bereits zur Ausfilterung relevanter Informationen führt. Eine koordinativ einfache Kletterroute toleriert eher eine Überaktivierung und damit Fehler.

Tagesrhythmus

Eng mit Aktivierung und Leistung sind tageszeitlich bedingte Aktivierungsschwankungen, so genannte *zirkadiane Rhythmen* (circa = ungefähr, dian = täglich), verbunden. Die zirkadiane Periodik spielt aufgrund ihrer praktischen Relevanz in der Beurteilung der aktuellen Leistungsfähigkeit eine nicht zu unterschätzende Rolle. Betrachten wir die Veränderung des Energieverbrauchs unserer Haushalte, so spiegeln sich dort die Auswirkungen einer archaischen Urgesetzmäßigkeit wider. In der Zeit von sieben bis acht Uhr am Morgen verzeichnen die Elektrizitätswerke einen ersten Höhepunkt im Stromverbrauch. Anschließend fällt dieser leicht ab, um dann gegen elf Uhr erneut anzuschwellen. Einem kurzen Mittagstief folgt gegen 18 Uhr ein Hoch. Danach sinkt der mittlere Stromverbrauch, um schließlich gegen drei Uhr morgens seinen Tiefstpunkt zu erreichen. Die tageszeitliche Schwankung des Energieverbrauchs offenbart ein recht genaues Abbild unserer sich mit der Tageszeit verändernden Leistungsbereitschaft, deren Tagesperiodik schematisch abgebildet ist.

Jeder von uns bildet in der Zeit nach der Geburt Rhythmen durch Abstimmung (Einschwingung, Synchronisation) vererbter Schwingungen (Oszillationen) an äußere (exogene) Zeit- bzw. Taktgeber (Tag-Nacht-Rhythmus, Nahrungsaufnahme, Schlaf- und Wachzeiten) heraus. Der Mensch unterliegt danach tageszeitlich bedingten rhythmischen Veränderungen verschiedener psychischer und physiologischer Merkmale. Deutlich wechseln im Tagesverlauf Gipfel und Täler' einander ab. Diesem rhythmischen Verhalten folgen eine ganze Reihe körperinterner Prozesse und Organfunktionen (z.B. Muskelkraft, Mineralhaushalt, Aktivität von

Hormonen und Enzymen, Atmung, Herz-Kreislauf-System, Darmtätigkeit, Nieren-funktion, Körpertemperatur). Interessant ist, dass in Situationen, die uns beträcht-lich aktivieren (z.B. Angst, Stress), keine tageszeitlich bedingten Veränderungen der Pulsfrequenz, der Körpertemperatur, des Blutdrucks, der Muskelkraft oder der Reaktionszeit mehr festgestellt werden konnten.

Tageszeit und Leistungsbereitschaft

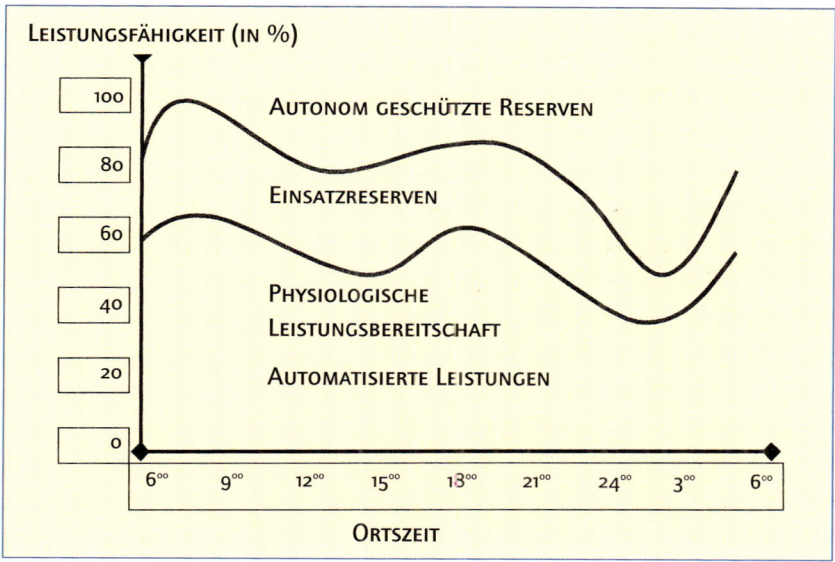

LEISTUNGSFÄHIGKEIT (IN %)

AUTONOM GESCHÜTZTE RESERVEN

EINSATZRESERVEN

PHYSIOLOGISCHE LEISTUNGSBEREITSCHAFT

AUTOMATISIERTE LEISTUNGEN

ORTSZEIT

Lerche und Eule

Nicht alle Menschen vollziehen in gleicher Weise die Anpassung psychischer und physischer Prozesse an äußere Zeitgeber (Lebensgewohnheiten). Hervorzuheben sind zwei Typen: der Morgentyp (Lerche) und der Abendtyp (Eule). Der Frühaufste-her erlangt den Gipfel seiner Leistungsfähigkeit wesentlich zeitiger als der Nacht-schwärmer. Die Eulen werden so richtig aktiv, wenn die Lerchen bereits süß träu-men. In unserer Bevölkerung gehören etwa 30% zu den Morgenmuffeln. Durchschnittlich etwa 20% müssen dem Morgentyp zugeordnet werden.

Tageszeitliche Veränderungen ausgewählter Aspekte

Faktoren	Maximum	Minimum
Aufmerksamkeit bei geistiger Arbeit	Vormittags	Abends
Konzentration	Vormittags	Nachmittags bis abends
Reaktionszeit	Vormittags	Nachmittags bis abends
Zeitschätzung	Nachts verlängert	Nachmittags verkürzt
Motorisches Lernen	Vormittags	Nachts bis frühmorgens
Puls	Nachmittags	Nach Mitternacht
Atmung	Nachmittags	Nach Mitternacht
Blutdruck	Abends	Nach Mitternacht

Erfolgreiches Klettern an der persönlichen Leistungsgrenze erfordert auch die optimale Tageszeit. (Foto: W. Schädle-Schardt)

4 AUFMERKSAMKEIT BRAUCHT RICHTUNG

4.1 EINFÜHRUNG

Das Überwinden einer ausgesetzten und griffarmen Querung verlangt höchstes Aufmerken. Es konzentriert sich an Fingern und Zehenspitzen. Beim Übergang in leichteres Gehgelände wird die Enge des Denkens nachlassen. Der Konzentration zum Opfer gefallene Sinneseindrücke treten hinzu, etwa der Schmerz einer kleinen Schürfwunde oder das Wärmegefühl der Sonne. Die vielleicht nun fällige Orientierung zwingt dazu, einen größeren Ausschnitt des Geländes im Auge zu haben. Ähnlich dem ständigen Wechsel in der Aktivierung, durchleben wir ein situatives Ansteigen und Vermindern unserer Aufmerksamkeitsleistungen.

> Aufmerksamkeit meint einen Zustand, durch den eine Ausrichtung der Wahrnehmung, des Denkens oder Vorstellens auf einen bestimmten – gegenwärtigen oder erwarteten – Erlebnisinhalt (Gegenstand, Person oder Handlung) – willentlich oder unwillkürlich – erfolgt.

Aufmerksamkeit meint das Vermögen, unter der Vielfalt eingehender Informationen (z.B. unserer Körpersinne) uns denjenigen bewusst zuzuwenden, die uns helfen, unser persönliches Leistungsvermögen voll auszuschöpfen. Aufmerksames Verhalten unterstützt die Mobilisation unserer Kräfte (Mobilisationsaspekt), ist Voraussetzung für die Abschirmung störender Einflüsse (Abschirmungsaspekt), fördert die gerichtete Wahrnehmung und Aufnahmebereitschaft (Selektionsaspekt) und ermöglicht die kontinuierliche und flexible Verlagerung der Wahrnehmung (Distributions- und Umschaltaspekt). Aktivierung und Aufmerksamkeit über appen einander. So kommt es im Zuge unserer Aufmerksamkeitsausrichtung – beispielsweise auf die Kletterbewegungen unseres Partners – zu einer allgemeinen Gesamtaktivierung des Körpers, deren Folgen wir in Form von Mitfiebern, Herzklopfen, feuchten Händen oder tieferer Atmung spüren. Zunehmende Aktivierung steigert die Aufmerksamkeitsleistung, wodurch eine bessere Aufnahmebereitschaft und Verarbeitung von Informationen möglich wird.

Aufmerksamkeit – die Richtung bringt den Erfolg. (Foto: W. Schädle-Schardt)

4.2 FACETTEN DER AUFMERKSAMKEIT

Sehr anschaulich verdeutlicht ein Vergleich mit einer Taschenlampe das Wesen der Aufmerksamkeit.

> „In deinem Kopf ist ein Scheinwerfer. Du bist der Beleuchter! Der Lichtstrahl des Scheinwerfers, deine Aufmerksamkeit, kann alles, was du möchtest, in gleißendes Licht tauchen. Ist er gebündelt auf einen bestimmten Gegenstand gerichtet, beleuchtet er ihn mit kolossaler Helligkeit und ringsum versinkt alles." (F. SCHUBERT, 1981).

Je nach Wunsch können wir in der Ausleuchtrichtung wechseln und umschalten. Ein gebündelter Lichtstrahl erlaubt uns das relativ klare und scharfe, aber begrenzte Betrachten eines hell ausgeleuchteten Objekts. Erweitern wir den Lichtkegel, vermögen wir einen größeren Raum auszuleuchten. Unser Lichtstrahl büßt dabei an Stärke ein. Die angestrahlten Gegenstände verlieren an Schärfe.

Je nach Bedarf, können wir, ähnlich dem Lichtkegel, unsere Aufmerksamkeitswünsche verändern und anpassen. Die Leuchtstärke (Intensität) der Aufmerksamkeit beschreibt den Grad der Aktivierung und Erregung unserer Denkzentrale. Dieser bewegt sich zwischen den Polen *Aufmerksamkeitspause* und *höchst angespannte Aufmerksamkeit*. Die Ausleuchtbreite (Umfang) der Aufmerksamkeit wird bestimmt von der Anzahl der bedeutsamen Dinge und der räumlichen Ausdehnung unseres Wahrnehmungsfelds.

Ein sehr enger Aufmerksamkeitsumfang liegt beim Einhängen des Seils vor oder beim Ansteuern eines Griffs. Eine kurze Zeit lang bleiben alle anderen, parallel ablaufenden Geschehnisse ohne größere Bedeutung. Allein die sehr eng ausgerichtete Aufmerksamkeit beim Betrachten und Hinführen der Hand stellt den Erfolg erst sicher. Ändern wir unsere Ausleuchtrichtung, spricht man vom Umschalten in der Aufmerksamkeit. Das Umschalten beschreibt das Vermögen, in wechselnden Situationen schnell Richtung, Intensität und Umfang der Aufmerksamkeit situativ zu verändern.

Spielformen der Aufmerksamkeit

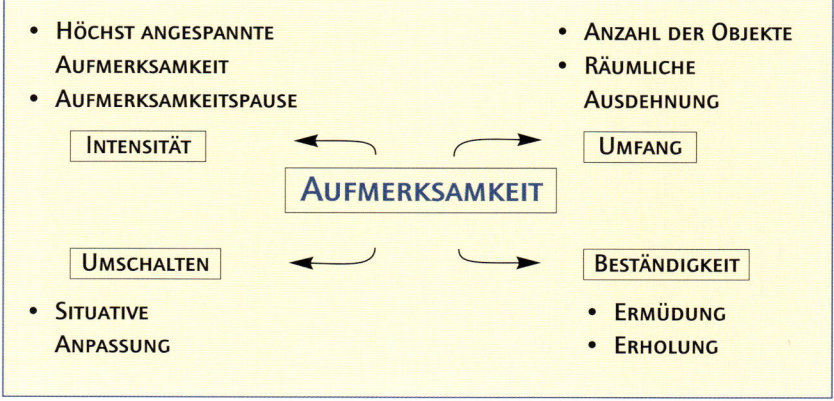

Aufmerksamkeitsprozesse sind energieverbrauchend und unterliegen natürlichen Schwankungen. Unser Organismus legt Zwangspausen in den Aufmerksamkeitsprozess. Das Resultat bemerken wir als Aufmerksamkeitsschwankungen, die sich in der Abfolge *volle Aufmerksamkeitsleistung, Nachlassen und Ermüden der Aufmerksamkeit* und *Erholung* äußern. Die Erregbarkeit der Nervenzellen nimmt ab, und Hemmungsprozesse setzen als Schutz vor Überbeanspruchung ein.

Geringe Unaufmerksamkeiten können schnell fatale Folgen nach sich ziehen. Die Fehlerwahrscheinlichkeit steigt. Vor vielen Jahren führte ich eine Gruppe von Studenten durch die Brenta. Dabei wurden wir von Gewitter, starken Regenfällen und heftigem Wind überrascht. Nach langem Ausharren in Blitzschutzzonen und einem anstrengenden 300 Höhenmeter langen Abstieg über Eisenleitern mit viel Wasser von oben und starkem Seitenwind führte uns der Weg über ein Schotterkar. Aufgrund der bereits starken Ermüdung und damit auch verminderten Aufmerksamkeit stolperten und stürzten viele.

Um nicht aus Gründen der Ermüdung von einer *Erholung* überrascht zu werden, müssen wir lernen, den Zeitpunkt der Aufmerksamkeitspause selbst zu bestimmen, z.B. in gefahrlosen Situationen rasten und bewusst entspannen. Nutzen wir die Möglichkeiten zur Entspannung nicht, so kann es gerade zu einem ungünstigen Zeitpunkt zu einem unwillkürlichen Absinken der Aufmerksamkeitsleistung kommen.

Erst beim Erreichen von Ruhepunkten dürfen wir die Anspannung lösen, um neue psychische Energie für folgende Schwierigkeiten und Aufmerksamkeitsaufgaben zu sammeln. Auch durch Ablenkungen (z.B. Fragen des Partners, Hilfeanliegen anderer Kletterer) kommt es immer wieder zu bedauerlichen Unfällen. Insbesondere verlangt die Selbst- und Gefährtensicherung unsere ungeteilte Aufmerksamkeit und duldet keine Ablenkungen.

Mögliche Aufmerksamkeitsrichtungen im Überblick

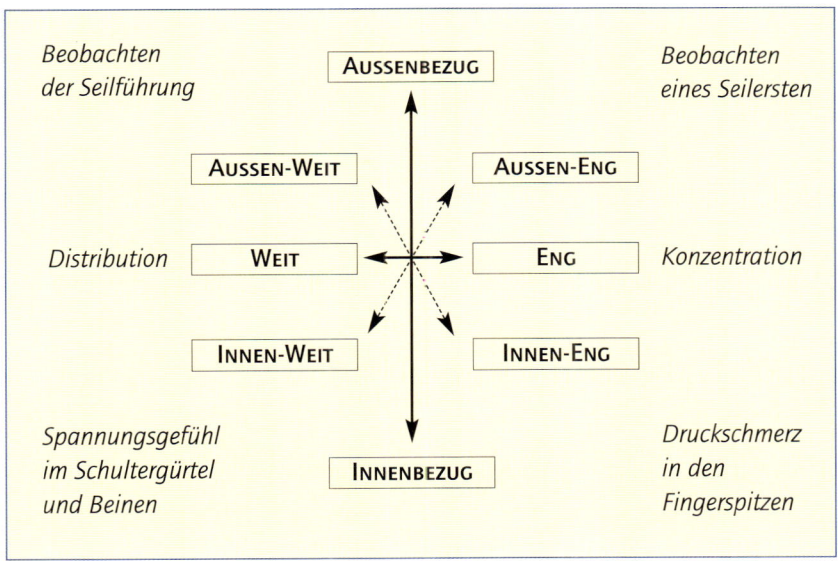

Sich ändernde äußere und innere Bedingungen erfordern einen fortlaufenden Wechsel und eine ständige Anpassung unserer Aufmerksamkeitshaltung. Hierbei kann ein effektives und erfolgreiches Verhalten nur dann gewährleistet werden, wenn unser Aufmerken mit den situativen Anforderungen übereinstimmt. In der Regel wird die enge, konzentrierte Ausrichtung der Aufmerksamkeit überwiegen. Unsere Aufmerksamkeit gilt dabei einem engen, von Störreizen bewusst freigehaltenen Wahrnehmungsraum. Konzentrieren wir uns intensiv auf eine eng umschriebene Sache, geht dies zu Lasten anderer beobachtbarer Dinge.

Wir nennen dies *Konzentration*. Wenden wir uns mehreren Dingen gleichermaßen zu, so sprechen wir von verteilter Aufmerksamkeit (oder von *Distribution*). Wir konzentrieren uns also auf mehrere Dinge gleichzeitig, womit die Intensität der Wahrnehmung der beachteten Dinge zwangsweise abnimmt. Ausdehnung (Distribtion) oder Einengung (Konzentration) beruhen auf der bewussten, situationsgebundenen Erregungsregulierung unseres Gehirns.

Wir vermögen weiterhin, unsere Aufmerksamkeit auf Sachlagen zu richten, die entweder außerhalb unseres Körpers liegen (*Außenbezug*, z.B. Partner, Wetter) oder internen Vorgängen (*Innenbezug*, z.B. Schmerz, Gedanken, Wünsche) zuzurechnen sind. Fassen wir die angeführten Sichtweisen zusammen, so bewegen wir uns zwischen den Bereichen *eng und weit – außen und innen* und deren möglichen Mischformen (vgl. Abbildung). Wir sehen, dass die Stammtischregel: „Du musst dich konzentrieren", nur unvollkommene Hilfe leistet, wenn wir dabei nicht angeben, worauf sich die Bemühungen lenken sollten.

Aufmerksamkeit und innere Anspannung

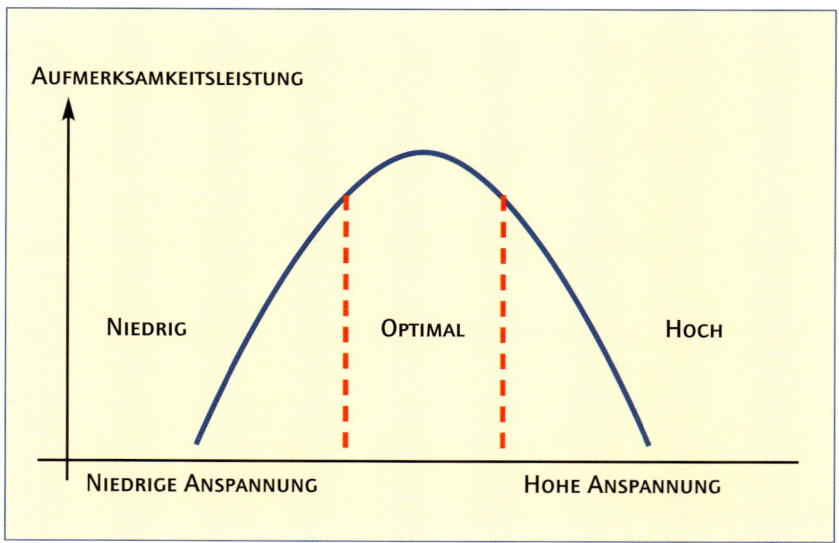

Ähnlich der Beziehung zwischen Aktivierung und Leistung besteht ein umgekehrt u-förmiger Verlauf zwischen Aufmerksamkeitsleistung und innerer Anspannung. Bei geringer innerer Anspannung (als Ausdruck der Aktivierung) ist mit einer mäßigen Aufmerksamkeitsleistung zu rechnen. Zunehmende Anspannung verbessert bis zum Erreichen eines optimalen Niveaus die Aufmerksamkeitsleistung. Darüber hinaus fällt diese ab.

Auch Aufmerksamkeit braucht Pause. (Foto: N. Petterich)

4.3 FEHLAUSRICHTUNG UND KONSEQUENZEN

Im Bereich der Anspannung jenseits des optimalen Bereichs (z.B. bei Angst oder Handlungsdruck) neigen wir dazu, unseren individuell erlernten Aufmerksamkeits-stilen zu huldigen. Dabei scheint es unerheblich, ob diese dann in der gestellten Situation angemessen sind oder nicht. Die unangemessene Ausrichtung unserer Aufmerksamkeit führt zur Auswahl und Verarbeitung fehlleitender Informationen. Es kann im Zuge erhöhter Aktivierung zu einem häufigen Springen zwischen rele-vanten und irrelevanten Informationsquellen kommen. Dieses Hüpfen führt daher auch zur Beachtung ablenkender Sinnesinformationen. So kann etwa das innere Sprechen in Form von Selbstbeurteilungen oder das Äußern von Selbstzweifeln von der sachbezogenen Lösung ablenken.

Aktivitätssteigerung wirkt sich dabei auf verschiedene Menschen unterschiedlich aus. Einige wenden sich primär inneren Geschehnissen zu (z.B. Gefühlen, der inne-ren Stimme). Andere bevorzugen unbewusst eher äußere Einflüsse. Dies führt dazu, dass bei Aufgabenstellungen, die zur Bearbeitung externe Informationen benötigen (z.B. Informationen über den weiteren Routenverlauf und Sicherungs-punkte), bei zunehmender innerer Anteilnahme (z.B. mit Fehlern hadern, überana-lysieren – „Paralyse durch Analyse") die externen, in dieser Situation aber ent-scheidenden Informationen, einer Ausgrenzung zum Opfer fallen. Eigene Gedanken und Körperempfindungen lenken ab, fördern längere Reaktionszeiten und führen im schlimmsten Fall zur Unfähigkeit, angemessen zu handeln.

Hierzu zählt auch die Konkurrenz zwischen Schmerzverarbeitung und Bewegungs-kontrolle. Beide Bewusstseinsprozesse ringen um Aufmerksamkeit. Der überstarke Bezug *Innen-Eng* führt zur Beachtung eigener Gedanken und Gefühle über Gebühr, obwohl das Reagieren auf äußere Reize gefordert wäre. Ignorieren hilft an dieser Stelle konzentrieren. „Befiehl dir selbst die Richtung, die Intensität und den Umfang der Aufmerksamkeit." Mein Freund Martin schlug sich – wenn er merkte, dass der Hakenabstand das Weiterklettern bremste – heftig auf seinen Ober-schenkel und murmelte als echter Oberfranke „Madien". Hinter diesem Ritual ver-steckt sich die sinnvolle Aufforderung, sich den wesentlichen Dingen zuzuwenden. Die übermäßige Zuwendung nach außen führt zu einer ungenügenden Kenntnis-

nahme innerer Rückmeldungen (z.B. über Gleichgewichtsempfindungen). In kritischen Situationen hören wir dann beispielsweise deutlicher als sonst – in der Regel hört man davon wenig oder nichts – das Rauschen der Blätter, Vogelgezwitscher oder die Worte zwischen Nachbarseilschaften.

In der Ausrichtung *Außen-Weit* werden zu viele Aspekte in den Aufmerksamkeitsprozess einbezogen, wodurch die enge Ausrichtung leidet. Ein zu starker *Außen-Eng*-Bezug fördert, dass nicht alle notwendigen Informationen genutzt werden. Die Ausrichtung nur auf einen Sachverhalt, obgleich mehrere zu beachten wären, gestattet nur eine ungenügende Integration geforderter Aufmerksamkeitsziele.

Aufmerksames Sichern ist so anstrengend wie das Klettern selbst. (Foto: N. Petterich)

Vorstellungen beeinflussen unsere Leistungsfähigkeit. (Foto: W. Schädle-Schardt)

5 AKTIVIERUNGS- UND AUFMERKSAMKEITSREGULATION

Zur Optimierung unserer Bewegungsregulation trägt wesentlich ein angemessener Gesamterregungszustand bei (psychovegetative Funktionslage). Eine erhöhte Aktivierung kann die Einengung der Wahrnehmung nach sich ziehen, die Informationsaufnahme und -verarbeitung durch aufgabenirrelevante Gedanken beeinträchtigen, die Aufmerksamkeit von bewegungsrelevanten Informationen abziehen oder die bewegungsbegleitende Auswertung unserer Rückmeldungen irritieren. Dass wir unsere psychovegetative Funktionslage nicht nur über ein Aufwärmen beeinflussen können, wollen wir an einem Beispiel zeigen. Schließen wir die Augen und stellen uns eine gelbe, saure Zitrone vor, in Scheiben geschnitten. Nun beißen wir gedanklich herzhaft hinein. Beim einen oder anderen dürfte sich nun Feuchtigkeit im Munde ansammeln. Die Speicheldrüsen in unserer Mundschleimhaut sind ausführende Organe unseres vegetativen Nervensystems. Wie wir fühlen, sind wir in der Lage, die Funktion unseres Nervensystems über Vorstellungen zu beeinflussen.

> Der Versuch, optimale psychovegetative Bedingungen für Handlungen herzustellen und aufrechtzuerhalten, wird als *Psychoregulation* bezeichnet.

Psychoregulation kümmert sich um die Ausbildung bedingt reflektorischer Verbindungen zwischen Vorstellungen oder Zuständen unseres Körpers und Zentren unseres Gehirns, beispielsweise mit dem Ziel abrufbarer Entspannungsmechanismen. Psychoregulation verfolgt drei Ziele:

Ausgleich
Sie strebt nach einem Ausgleich (*Kompensation*) der herrschenden ungünstigen Aktivierungslage, z.B. die Verminderung von Angst, die Lösung von Verkrampfungen.

Vorbeugung
Sie beabsichtigt Vorbeugung (*Prävention*), d.h. Schutz vor einer erahnten, ungewollten Funktionslage, z.B. Wissen um eintretendes Startfieber.

Stabilisierung

Sie strebt nach Stabilisierung der aktuellen Aktivierungslage, z.B. nach dem Aufrechterhalten der Konzentrationsleistung.

An psychoregulativen Verfahren gibt es eine ganze Menge. Zu den bekanntesten zählen: das *autogene Training*, die *Muskelrelaxation*, *Formen der Selbstinstruktion* (formelhafte Vorsatzbildung), die *gedankliche Meidung* (Umorientierung der Aufmerksamkeit in Richtung z.B. positiver Gedanken), die *Ablenkung* (Blockieren, Ausfiltern, Unterdrücken funktionsbeeinträchtigender Erlebnisse) oder die *Klärung und Umbewertung* (gedankliches Durchdringen des Problems und sachorientierte Bewertung). Im Folgenden werden wir *Selbstgespräch, Selbstüberzeugung, Regulation der Aufmerksamkeit* und *Aktivierungsregulation* (Beruhigungsatmung) herausgreifen und vorstellen.

Selbstaufforderungen motivieren. (Foto: G. Köstermeyer)

Selbstgespräch

In Selbstgesprächen formuliert man Pläne, gibt sich selbst Anweisungen, ordnet seine Gedanken oder kommentiert sein eigenes Handeln. Unter besonders extremen Belastungen schwanken unsere Selbstgespräche zwischen Zweifel und Zuversicht. Gelingt es, uns über ein Selbstgespräch dahingehend zu regulieren, dass sich in uns Erfolgszuversicht und Leistungsbereitschaft entwickeln, verfügen wir über ein wirksames Mittel gegen ablenkende *Zweifeleien.*

Die Beobachtung zeigt, dass bei härter werdender psychophysischer Beanspruchung das Selbstgespräch im Kampf ums Durchhalten intensiver wird. Bevor wir aber nun aufgeben, kippt zuerst das Selbstgespräch ab. Man gibt innerlich bereits auf. Erst dann stellen wir wirklich die Leistung ein. Gelingt es uns, Zuversicht zu bewahren, erhöht sich die Wahrscheinlichkeit, die Situation doch noch konzentriert zu bewältigen. Der schon ermüdete Kletterer spürt die nachlassende Fingerkraft und den dahinschwindenden Willen. Eine zu weite Sturzhöhe und die Gefahr des Aufschlagens fordern ihn auf, weiterzuklettern.

Zur Stabilisierung seiner selbst könnte er nun in einer Art Selbstgespräch die Qualität seines weiteren Vorgehens wie folgt beeinflussen:

- „Fuß gut stellen."
- „Hände entlasten."
- „Die freie Hand entspannen."
- „Ausschütteln."
- „Nicht stärker zugreifen als nötig."
- „Nicht verkrampfen." „Locker bleiben."
- „Durchziehen."
- „Gleich bin ich oben."
- „Sicher ist es schmerzhaft, aber du kannst es durchhalten, wenn du dich auf die Technik konzentrierst."
- „Gehe energisch an die Route."
- „Fasse das Ziel ins Auge."
- „Klettere kontrolliert und zügig."

Selbstüberzeugung

Ein Überzeugtsein von der Wirksamkeit des eigenen Handelns bestimmt wesentlich unseren Erfolg. *Selbstüberzeugung will uns glaubhaft versichern, dass die verfügbaren technischen, taktischen und konditionellen Voraussetzungen auch unter schwierigen Bedingungen erfolgreich einsetzbar sind.* Fehlt uns zur Bewältigung schwieriger Situationen der Glaube an unsere technisch-taktischen und konditionellen Qualitäten, dann sägen Selbstzweifel an der Erfolgsaussicht. So trivial es anmutet, das eigene Gutzureden − „Du kannst es", „Du hast es ja schon erfolgreich ausgeführt" − gibt uns Selbstvertrauen, entspannt und führt uns damit in eine optimalere Aktivierungslage.

Damals und heute: Beruhigungsatmung verspricht Entspannung. (Fotos: H. Löffler/ W. Schädle-Schardt)

Aufmerksamkeitsregulation

Der Erfolg in der Regulation unserer Aufmerksamkeit liegt im Vermögen, schnell zwischen verschiedenen Formen der Aufmerksamkeit hin- und herzuschalten. Scheitert beispielsweise ein Vorhaben, da sich unser Denken um Selbstzweifel rankt, hilft uns der Vorsatz: „Konzentriere dich auf das, was du gerade ausführst." „Tue so, als gäbe es für den Augenblick weder Vergangenheit noch Zukunft." „Wende dich ausschließlich der Bewegung zu und meide das Nachdenken über Erfolgsaussichten."

Beruhigungsatmung

Der Einsatz eines psychoregulativen Verfahrens kann an der Ursache (z.B. Auslöser für Angst) selbst ansetzen. Bleibt uns der Grund unserer unangemessenen Funktionslage verborgen bzw. fühlen wir uns nicht in der Lage, diesen abzustellen, können wir versuchen, den Zustand selbst zu verändern. Ähnlich wie Baldrian gegen Prüfungsängste Erfolg verspricht, kann z.B. ein Entspannungstraining beruhigende Wirkung verschaffen. Zum Abschluss werden wir eine Möglichkeit vorstellen, die es uns unter Umständen auch erlaubt, während des Kletterns in stressiger Situation Beruhigung zu erlangen. *Die Beruhigungsatmung versucht, über eine bestimmte Form der Atemtechnik, überhöhte Aktivierungslagen zu vermindern.* Die erfolgreiche Anwendung muss vorerst zu Hause erlernt werden.

Zuerst suchen wir uns ein ruhiges und bequemes Örtchen. Wir legen uns auf den Rücken oder nehmen in einem bequemen Sessel Platz. Wir schließen die Augen. Wir denken an etwas Beruhigendes, z.B. an einen Sonnenuntergang am Meer, an Wind in Bäumen, an eine grüne Wiese oder vielleicht an wärmende Sonnenstrahlen auf unserer Haut. Welche Vorstellung uns am besten gelingt und uns damit entspannt, sollten wir uns merken, um damit immer wieder schnell Ruhe zu finden. Wir achten nun auf unseren Atemrhythmus und konzentrieren uns auf das Gefühl, wie die Einatmungsluft durch die Nase zieht. Wir denken dabei an eine Meereswelle und passen unseren Atemrhythmus dieser an. Die Dünung hebt uns beim Einatmen und senkt uns beim Ausatmen. Diesen Vorgang wiederholen wir 5-8 mal. Wir atmen nun langsamer und tiefer.

Wir holen vermehrt Luft über die Bauchatmung, d.h., beim Ein- und Ausatmen hebt und senkt sich die Bauchdecke und nicht der Brustkorb. Zur Kontrolle können wir eine Hand auf den Bauch legen. Wir atmen aus und warten, bis das Einatmen von selbst beginnt. Wir atmen ein (Bauchatmung), bis das Einatmen von selbst in das Ausatmen übergeht. Wir atmen verhalten aus. Das Ausatmen dauert länger als das Einatmen. Wir achten auf einen fließenden Übergang zwischen Ein- und Ausatmen. Wir halten die Luft am Umkehrpunkt zwischen Ein- und Ausatmen nicht an. Am Ende des Ausatmens bleibt ein kleiner Atemstillstand. Wir lassen diesen gewähren, bis die Einatmung von selbst einsetzt. Wir spüren, wie unser Herzschlag zurückgeht und sich innere Ruhe und Entspannung einstellt.

Die Beruhigungsatmung müssen wir zu Hause in aller Ruhe erlernen (z.B. vor dem Einschlafen), bevor wir sie in stressigen Situationen auch erfolgreich anwenden können. Wir üben einmal täglich 5-6 Minuten. Sollten wir beim Klettern in eine Situation geraten, die uns irritiert, können wir nun versuchen, den erlernten Entspannungsreflex über die Beruhigungsatmung auszulösen, um damit in einen entspannteren und damit ansprechbareren Entscheidungszustand zu gelangen.

Der Atemrhythmus in der Beruhigungsatmung

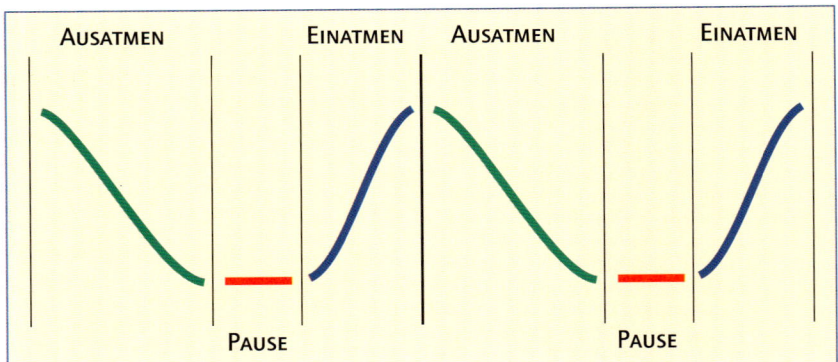

Die Anwendung der beschriebenen Verfahren setzt voraus, dass wir für den eigenen Aktivierungsgrad empfindsam sind und ihn wahrnehmen, wodurch wir eine Entscheidung treffen können, ob er nun zu hoch, zu niedrig oder optimal erscheint; ob unsere Selbstgespräche uns führen oder ablenken.

Hierzu bedarf es der eingehenden Kenntnis körpereigener Signale, die uns über diesen Zustand Auskunft erteilen. Als Hinweise zum Aktivierungsgrad könnten die Ruheherzfrequenz, die Ruheatemfrequenz, die Feuchte unserer Hände, die bleierne Schwere der Arme/Beine oder innere Unruhe herangezogen werden. Die Feststellung: „Mir flattern die Knie", „Man, bin ich nervös" – kann, muss aber nicht zwingend, auf einen ungünstigen Zustand hinweisen. Für den einen signalisiert bleierne Schwere der Arme durchaus eine optimale Funktionslage. Den ursächlichen Zusammenhang zwischen optimaler Funktionslage und begleitendem Körpergefühl lernen wir nur aus der gezielten Beobachtung unseres Körpers in den verschiedenen Klettersituationen.

Der sicherste Weg zur optimalen Funktionslage bleibt wohl ein aus eigener Sicht beruhigend wirkender Hakenabstand. (Foto: M. Fickert)

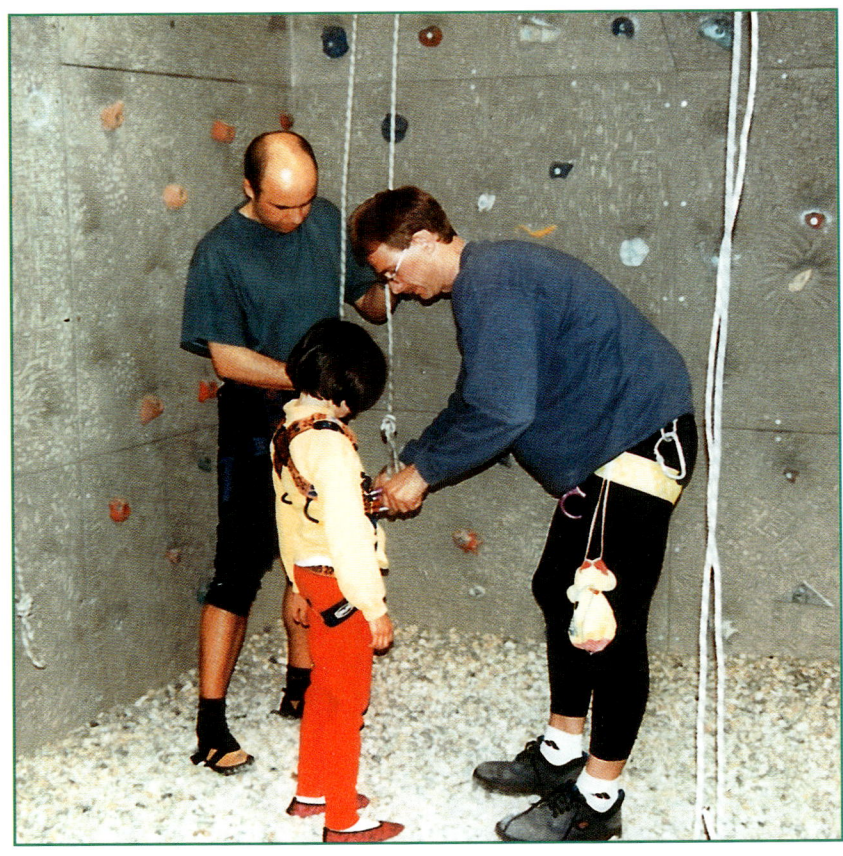

Klettern lernen ist ein Leben lang möglich. (Foto: N. Petterich)

6 LEHREN UND LERNEN – VIELE WEGE, KEINE REZEPTE

6.1 EINFÜHRUNG

Bevor wir beim Klettern Hand anlegen, bedarf es der Aufnahme und Verarbeitung von Informationen. Am Ende der Orientierung stehen verschiedene Handlungsalternativen, die geeignet erscheinen, Zielvorstellungen zu verwirklichen. Wir werden daraus die Bewegungsmöglichkeit auswählen, die realisierbar erscheint und den größten Erfolg verspricht. Unsere Bewegungsidee wird nun über motorische Nervenfasern an unsere Muskulatur abgeschickt. Unmittelbar nach Kletterbeginn erreichen uns (nach etwa 200-250 Millisekunden) Rückmeldungen über die Ausführungsqualität. Die Diskrepanz zwischen Bewegungsvorstellung und ungenügender Güte unserer Kletterbewegungen fordert kleinere Korrekturen oder bei größeren Abweichungen unter Umständen den kompletten Neuentwurf einer Bewegungsidee. Zurück am Boden, rekapitulieren wir erfolgreiche und ungeeignete Handlungsschritte. Weniger fruchtvolle Teile zwingen zur Überarbeitung und münden in einen Neuanfang. Das vielfache Durchlaufen dieses Kreislaufs und das Behalten der dabei gewonnenen Erfahrungen im Gedächtnis lässt uns Klettern lernen.

Vom Bewegungsentwurf zur Kletterbewegung

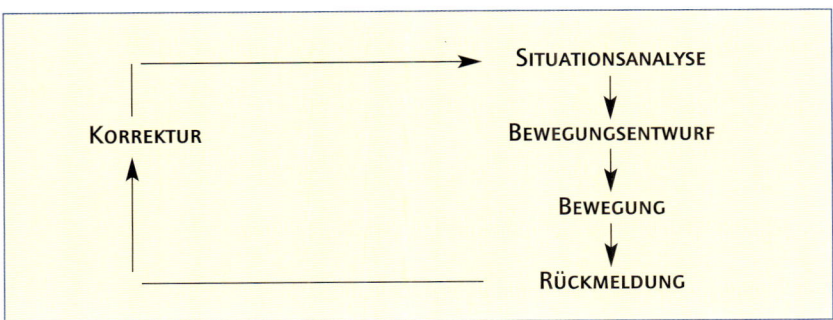

Klettern lernen heißt, sich zielgerichtet, planmäßig und langfristig verfügbare Bewegungstechniken anzueignen, die zweckmäßige und kraftsparende Bewegungslösungen garantieren.

Klettern lernen ist ein nicht endender, lebenslanger Prozess, der über Jahrzehnte hinweg Fortschritte bietet.

Zur Entwicklung der durchschnittlichen Kletterleistung eines Hobbykletterers über einen Zeitraum von 15 Jahren

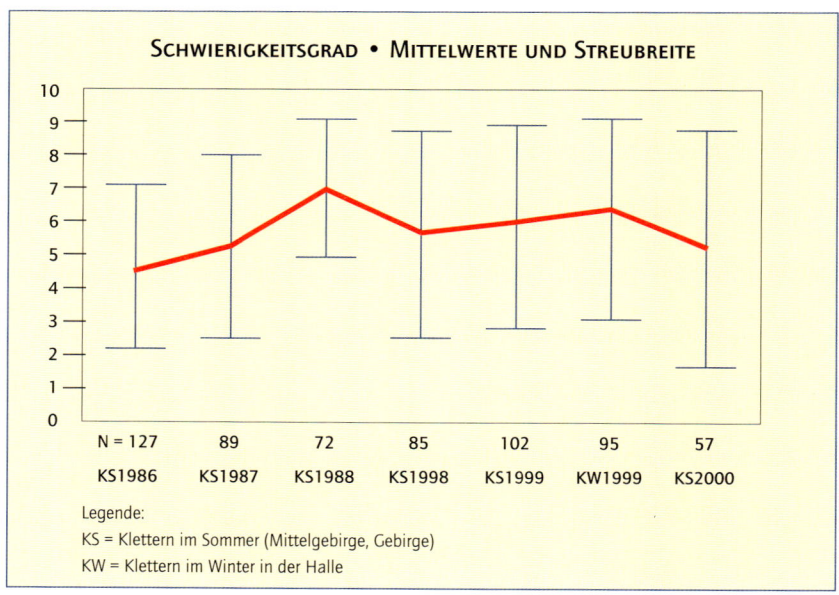

Die nachfolgenden Ausführungen bestehen aus zwei Teilabschnitten. Zuerst wollen wir uns der Kletterbewegung zuwenden, um zu zeigen, was eigentlich in uns vorgeht, wenn wir uns bewegen. Im zweiten Teil wenden wir uns methodischen Wegen zu, wie Klettern gelernt, gelehrt, unterstützt und verfeinert werden kann.

6.2 DIE KLETTERBEWEGUNG

Ein sich in unseren Köpfen abzeichnendes Ziel („Da will ich rauf!") verlangt auch, dessen Umsetzung („Wie komme ich da hoch?") mitzudenken. Bevor Muskeln beginnen, sich zu bewegen, bedarf es einer Bewegungsidee. Der gedankliche Entwurf einer Kletterbewegung erfordert, je nach Komplexität, unterschiedlich lange Zeit. In ungünstigen Fällen kann die Planung Minuten verbrauchen. Diesen Umstand sollten wir beherzigen. Denn in Situationen, in denen wir keine Zeit zum Nachdenken haben, weil etwa die Bewegung sehr schnell zu erfolgen hat oder die Kraft schneller schwindet als gedacht, ist es ratsam, vorab eine Bewegungsidee bereitzustellen. In Gedanken vorweggenommene (antizipierte) Bewegungen benötigen deutlich weniger Zeit, um situationsgerecht ausgeführt zu werden. Momente, in denen wir z.B. mit Stürzen rechnen müssen, erfordern es, die Bewegung *kontrollierter Sturz* bereitzuhalten, um diese gegebenenfalls sofort und mit wenig Zeitverlust abzurufen („Leicht nach hinten wegdrücken.", „Mit beiden Händen ins Seil greifen.", „Körperspannung aufbauen.", „Beine leicht beugen und Füße anheben.").

Nicht nur der bewusste Entwurf einer Bewegung ist zum Bewegen nötig. Gleichfalls werden quasi automatisch Umgebungsbedingungen und Situationsanforderungen direkt mit Bewegungen beantwortet, ohne dass eine geistige Auseinandersetzung bewusst vorausging.

Die Auslösung und Kontrolle unserer Muskeltätigkeit erfolgt im Zusammenspiel. Einmal senden die bewegungserzeugenden Nervenzentren unseres Gehirns Bewegungsimpulse über efferente Nervenbahnen (d.h. in Richtung Muskulatur ziehende) via Rückenmark in Richtung der betreffenden Muskulatur. Als Überträger der Nervenimpulse auf die Muskulatur hilft die so genannte *motorische Endplatte*. Sie ist eine Art Bindeglied zwischen Nervenfaser und Muskel, welches die vom Gehirn kommende Erregung auf den Muskel überträgt. Diesen direkten Weg der Bewegungsauslösung vom Gehirn zum Muskel bezeichnet man als *alphamotorische Bewegungsführung*.

Ein weiterer Funktionkreis lässt sich am Beispiel des Kniesehnenreflexes erläutern. In unserer Muskulatur befinden sich, parallel zur Muskelfaser angeordnet, die Muskelspindeln. In deren mittlerem Abschnitt liegt ein dehnungsempfindlicher

Teil, der beim Zusammenziehen des Muskels entspannt und bei Muskeldehnung auseinander gezogen wird. Bei der Dehnung der vorderen Oberschenkelmuskeln durch einen leichten Schlag auf die Kniesehne registriert der dehnungsempfindliche Teil der Muskelspindel die künstlich herbeigeführte Spannungserhöhung. Die Spannungserhöhung wird über afferente, d.h. dem Gehirn zuleitende, Nervenfasern an das Rückenmark weitergeleitet. Dort wird sie umgeschaltet und bewirkt unmittelbar einen Nervenimpuls in Richtung gedehnter Muskel, worauf sich dieser verkürzt. Dieser Vorgang ist allgemein als *Muskeldehnreflex* bekannt.

Als Beispiel – der Kniesehnenreflex

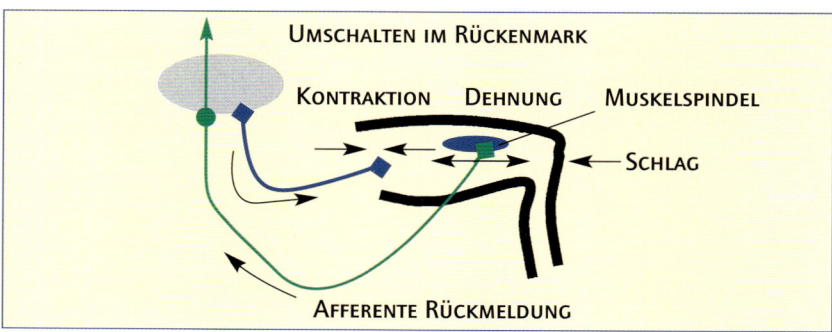

Veranschaulichen wir uns den beschriebenen Vorgang am Beispiel des Kletterns im überhängenden Gelände. Nach dem Greifen eines *Henkels* mittels unseres alphamotorischen Systems beginnt unser Körpergewicht, an den Muskeln der Arme und des Schultergürtels zu ziehen. Der dehnungsempfindliche Teil unserer Muskelspindeln meldet durch erhöhte (afferente) Feuerung die Last ans Rückenmark. Dort kommt es zur Umschaltung auf muskelverkürzende Nervenfasern, was zur vermehrten Kontraktion des gedehnten Muskels führt. Das reflektorische Nacheichen befähigt uns, die Belastung gut abgestimmt und dosiert zu bewältigen. Die vermehrte Anpassung unserer Klettermuskulatur führt zu einem Nachlassen der Dehnung der Muskelspindel, die daraufhin ihre Signale vermindert. Die Feuerung der Nervensalven aus den Muskelspindeln verringert sich und wir haben einen Gleichgewichtszustand erreicht.

Schon kleine Veränderungen im Spannungszustand der Muskulatur setzen diesen zirkulierenden Kreisprozess in Gang, der nicht länger als 30 Millisekunden dauert. Ergänzend verzweigen sich die Meldungen. Ein Ast führt weiter ins Gehirn, um uns bewusst an den Spannungsveränderungen der Muskulatur teilhaben zu lassen (kinästhetische Empfindungen). Ergänzend führen dann Informationen über die erhöhte Spannung der Arbeitsmuskulatur nach 50-80 Millisekunden zur Aussendung eines weiteren, unterstützenden Korrektursignals unserer übergeordneten Zentrale, die den Einsatz und die Kraft der Muskulatur nochmals differenzierter und situationsangemessener nachbessert.

Klettern lernen heißt, sich langfristig überdauernde Bewegungstechniken anzueignen. (Foto: G. Köstermeyer)

Neben der reflektorischen Antwort auf Zugbelastungen sind wir in der Lage, die Kontraktion unserer Muskulatur direkt über so genannte *gammamotorische* Nerven zu beeinflussen. Die elektrischen Signale dieser Nerven laufen dabei zu den verkürzbaren (kontraktilen) Teilen der Muskelspindel. Die Kontraktion der Muskulatur der Muskelspindel täuscht eine Dehnung der Muskelspindel vor. Dieser Umstand regt die Impulssendung der dehnungsmitteilenden Nervenfasern der Muskelspindel an. Die vom Gehirn zentral ausgelöste Gammaaktivierung führt zu einer Verstellung des Gleichgewichts zwischen den Rückmeldungen der Muskelspindel und der zugehörigen Muskellänge (die Rückmeldung signalisiert eine höhere Spannung). Zur Wiederherstellung des Gleichgewichtszustands zwischen rückgemeldeten Afferenzen und entsprechender Muskellänge werden muskelverkürzende Impulse in Richtung Muskulatur ausgesandt. Die daraus resultierende Kontraktion führt zum Nachlassen der Dehnung der Muskelspindel, die rückgemeldeten Afferenzen lassen nach. Die Muskelkontraktion wird beendet.

In den angesprochenen Vorgängen sehen wir den äußerst vielschichtigen Prozess der Bewegungsumsetzung. Welcher Lernprozess in uns Kletterbewegungen entstehen und weiterentwickeln lässt, soll nun erörtert werden.

6.3 KLETTERN – LEHREN UND LERNEN – METHODEN

Um das allgemeine Ziel einer Kletterausbildung zu erkunden, würde es genügen, die Klettereien des eigenen Partners aufmerksam zu beobachten. Zum einen demonstriert er individuell erarbeitete Kletterkompetenz in variablen Umgebungsbedingungen, wenn er von Route zu Route, in Halle oder Fels, mit der Schwerkraft spielt. Von ihm wird erwartet, dass er den vielfältigen Variationen gewachsen ist, die Felsstrukturen, Gesteinsarten, Steilheit, Reibungseigenschaften, Griff- und Trittformen vorgeben. Klettern verlangt somit Anpassung und damit die Aneignung von Wissen und Können, wie in zweckmäßiger Art und Weise aktiv mit Variationen umzugehen ist.

Ein übergeordnetes Ziel beim Lehren und Lernen des Kletterns besteht aus dieser Sicht in der Vermittlung variabel einsetzbarer Kletterkompetenz in stark variierenden Umgebungsbedingungen.

Zum anderen teilt der Partner uns mit - insbesondere, wenn er an Grenzen stößt –, was in ihm vorgeht, wie er sich aus seiner Innensicht heraus eine erfolgreiche Lösung vorstellt, wie er aus Erfahrungen heraus Schlüsse zieht oder wie er individuell mit Wahrnehmungen umgeht, um erfolgreiches Klettern sicherzustellen.

Lehren und Lernen beim Klettern muss sich daher auch an der Innensicht orientieren, d.h. Wahrnehmungsschulung sein, da beim selbstständigen Klettern ausschließlich der kompetente Umgang mit der Innensicht Verhaltensstabilität und Variabilität bestimmt.

Vor über 40 Jahren: die Schlüsselstelle des Schneiderwegs am Totenkirchel. Vorstrukturierte Bewegungen reduzieren Entscheidungszeiten. (Foto: H. Löffler)

Warum beim Lehren und Lernen von klettertechnischen Fertigkeiten die Innensicht in dynamischen und variablen Umgebungen so bedeutsam ist, soll in den folgenden Ausführungen am Beispiel einiger *Bilder* weiter vertieft werden.

Bilder vom Lehren und Lernen

Bild 1: – der fremdbestimmte Weg – „Das Ende aller Erfahrungen bildet den Anfang"

In Schriften zum Thema „Klettern – Technik, Taktik, Training" werden umfangreiche Fortbewegungstechniken dargestellt. Neben allgemeinen Grundregeln, wie z.B. die *Drei-Punkte-Regel, optimaler Formschluss, weiches Greifen, Eindrehen, Diagonalkoordination, unbelastetes Antreten*, sieht sich jeder Klettereinsteiger mit einer Fülle spezieller Kerntechniken konfrontiert: z.B. *Steigtechnik, Reibungstechnik, Piaztechnik, Klemmtechnik, Stemmtechnik*. Für die Vermittlung der genannten Klettertechniken haben sich methodische Lehrwege herausgebildet, die überwiegend fertigkeitsorientiert und lehrerzentriert sind.

„VENÜ" heißt der Weg (vormachen, erklären, nachmachen, üben). Der Lehrer erwartet vom Schüler die Anpassung an die vorgestellten Techniken. Der Lernende verlangt von sich selbst eine möglichst genaue Nachahmung der von ihm geforderten Kletterbewegungen. Die klare Vorgabe von Zieltechniken erleichtert systematische Zugänge im Lehr-Lern-Prozess, insbesondere im leistungsorientierten Wettkampfsport oder dort, wo die Leistungsausbildung an starre Barrieren stößt. Sie vermittelt manchmal aber auch ein Bild der erschwerten Vermittlung eigentlich oft einfacher Kletterbewegungen, die – wirft man einen Blick in die Kindheit – durchaus selbstbestimmt erfahren werden können.

Bild 2: – der selbstbestimmte Weg – „Jeder kann klettern – Klettern muss nicht gelernt werden"

Bevor man eigentlich richtig Laufen lernt, werden Laufstall, Hochstuhl oder eingefriedete Kinderbetten über die geschickte Aneinanderreihung von Klemmtechnik, Foothook und Mantle verlassen. Einige Zeit später folgen erste Free-Solo-Begehungen an senkrechten Passagen und leichten Überhängen im Wäscheschrank. Nischen dienen als Salzstangen-Biwakplatz. Stürze in den vorbereiteten Wäscheberg verlaufen meist harmlos. Erste Querungen erfolgen an der Küchenzeile. Mit 4-6 Jahren fällt als letztes Problem das Dach unter dem Stockbett. So oder ähnlich lässt sich das Hineinwachsen der Kleinen in die Fortbewegung an vier Haltepunkten beschreiben. Die führende Hand kletterbewanderter Eltern ist hierfür nicht nötig. Funktionslust, die Neugierde des Kindes, der hohe Aufforderungscharakter der Aufgabe und die mehr angeboren als gelernt wirkende Fertigkeit Klettern entwickeln Eigendynamik.

Ein Blick in den Kindergarten, der eine Kletterwand sein Eigen nennen darf, zeigt „Selbstbestimmung, Teil II". Beim Bouldern im Kindergarten drehen Kinder ein, klettern Dynamos, fröscheln, gehen auf Reibung, probieren Foothook, ruhen am langen Arm oder gleichen reflexartig die offene Tür aus. Vieles gelingt auf Anhieb, ohne sichtbaren Lernprozess, ohne versiertes Vorbild. Selbstbestimmung brilliert: Kopf, Arme, Hände, Rumpf, Beine und Füße folgen ganz im Sinne der „IMWIW"-Methode („Ich mach, was ich will.") einem natürlichen Diktat aus Griff, Tritt und Steilheit.

Fortschritte schafft die individuelle Auseinandersetzung mit selbst gestellten Aufgaben. Vorbilder und Anregungen beziehen Kinder aus der heterogenen Zusammensetzung der Gruppe, in der à la Reformpädagogik Lehrling, Geselle und Meister gemeinsam klettern. Auch in betagteren Jahren lässt sich Ähnliches beobachten. Selbst der hartnäckig sportabstinente Erwachsene schafft relativ leicht den autodidaktischen Einstieg und lernt, Klettern erfolgreich auszuüben.

Bild 3: – der Weg der Wahrnehmung – die Innensicht – „Auch ein Könner orientiert sich kaum an Techniken"

Das zentrale Anliegen beim Kletternlernen besteht in der erfahrungsgeleiteten Ausbildung situativ erfolgreicher Lösungsverfahren, die es ermöglichen, den Körper mit Hand und Fuß sicher und ökonomisch fortzubewegen. Die dabei im Lernprozess erlangte Verhaltenskompetenz lässt sich zweifach beobachten. Zum einen über die von außen sichtbare, geländeangepasste Umsetzung einer Fortbewegungslogik, wie z.B. Leitertechnik, Spreiztechnik oder Piaztechnik. Zum anderen lebt das Klettern vom differenzierten Umgang mit der Innensicht des eigenen Wahrnehmungsraums in variierenden Situationen: *„Meine innere Stimme fordert mich ständig dazu auf, Stabilität herzustellen und zu bewahren!"*

Welche von außen sichtbare Normtechnik zum Einsatz kommt, ist zunächst unerheblich: Körpergefühle leiten. Zwar findet der Kletterer mit den Augen einen
ersten Zugang zu Griff und Tritt. Beider Qualitäten für den Halt werden allerdings
erst unmittelbar mit dem Kontakt unter der Last des eigenen Körpers kinästhetisch
offenkundig.

Gerade beim Klettern ist die bewegungsbegleitende Beobachtung körpereigener
Rückmeldungen besonders gut möglich. Die Bewegungsausführung geschieht in
der Regel relativ langsam. Deshalb können (fast) zu jedem Zeitpunkt im Bewe-
gungsverlauf noch Entscheidungen getroffen werden, die Bewegung gefühls-
mäßig optimal zu verändern. Die erlebten Rückmeldungen aus z.B. Höhe, Hakenabstand, Spannung, Druck, Zug, Reibung, Form, Statik oder Dynamik bilden
zusammen einen aktuellen Wahrnehmungsraum, der permanent befragt werden
kann, ob er Stabilität und Sicherheit signalisiert oder nicht, ob Kontrolle gelingt
oder entgleitet.

Nicht die situativ optimale Aneinanderreihung von Klettertechniken leitet auf
dem Weg nach oben, sondern primär führt der Gefühlsfluss relativer Sicherheit.
Empfindungen definieren Bewegungen. Dabei folgt der Kletterer einfachen, inneren Regeln, wie z.B. Schmerz vermeiden, im Gleichgewicht bleiben, Spannung
aufrechterhalten, Entspannung suchen, Druck vermindern, Krafteinsatz optimieren, Drehmomente optimal verringern, Anstrengung herausnehmen, sanft belas-
ten oder Wohlbefinden herstellen. Körperempfindungen liefern Wissenswertes,
was es gestattet, Stabilität und Sicherheit anzustreben, aufrechtzuerhalten oder
aufzugeben.

Die selbstbestimmte, spannungsreiche Auseinandersetzung zwischen Schwerkraft
und ihrer Überwindung entwickelt Körpergefühle. Mit steigendem Vertrauen in die
eigenen Sinne wächst Kompetenz. Unerlässlich ist hierzu das direkte Aus- und
Erleben der selbst entworfenen, eigenen Ideen. Der Kletterer lernt, in der Auseinandersetzung mit Bewegungsaufgaben, eine mögliche kinästhetische Per-
spektive für sich selbst zu erkunden und umzusetzen. Im Lernprozess – von Anfang
an – den aktuellen Wahrnehmungen die dominante Führungskompetenz zuzuge-
stehen, würde das *innere Auge* schärfen und die Konsequenzen innerer Körperbil-
der klarer erkennen lassen.

Klettern ist eine offene Sportart. Immer wieder müssen wir Bewegungen neu anpassen und unseren Körper geschickt beleben. (Foto: M. Fickert)

Ein weiteres Argument für ein wahrnehmungsorientiertes Klettern liefert folgende Anforderungsanalyse.

Wer in einer Kletterroute steckt, steht vor drei Aufgaben: Zunächst wird aus einer stabilen oder auch dynamischen Gleichgewichtslage heraus (erfordert die Kompetenz, *Verhaltensstabilität* aus Gleichgewichts- und Spannungsempfindungen abzulesen) das vorausliegende Klettergelände mit den Augen durchforstet und nach geeigneten Fortbewegungspunkten gesucht (*Situationsanalysekompetenz*).

Parallel zur optischen Erkundung entwickelt der Kletterer Vorstellungen, wie er mit seinen derzeit verfügbaren Leistungsvoraussetzungen konditioneller wie technischer Natur den weiteren Weg bestreiten könnte (*Planungs-* und *Technikkompetenz*). Zudem werden dabei ständig begleitende Rückmeldungen aus statischer Halte-arbeit oder dynamischer Fortbewegung während des optischen Analysierens und gedanklichen Planens, beobachtet und hinsichtlich ihrer möglichen Konsequenzen befragt (Hält der Griff auch weiterhin?, Rutscht der Fuß ab?, Neigt sich die Finger-kraft ihrem Ende zu?). Je nach Schwierigkeit der Kletterstelle kommt dem Ergebnis eine größere oder eine mehr unbedeutende Rolle zu (z.B. kleine Griffe im über-hängenden Gelände versus große Griffe und Tritte in senkrechter Wand).

Variationslernen auf zwei Ebenen

VARIATIONSLERNEN
AUF ZWEI
KONTROLLEBENEN

DIE ZUKUNFT ÜBER DAS AUGE
(ANTIZIPATIV-DEKLARATIV)

DER MOMENT ÜBER DAS GEFÜHL
(PROPRIOZEPTIV-PROZEDURAL)

Je nach Situation führt dies dazu, dass das eigentliche Anliegen, *Situationsanalyse und Bewegungsplanung,* zeitlich und damit inhaltlich, von der Qualität der Rückmeldungen mehr oder weniger begrenzt wird. Schwindet die Kraft, dann bleibt auch keine Zeit mehr, um den optimalen Weg zu ergründen. Es geht nun nur noch darum, irgendeinen schnellen Weg zu finden.

Aber, je genauer ich die Konsequenzen meiner Rückmeldungen deute, desto größer ist ein verbleibender Spielraum, der zeitlich und inhaltlich ausgereizt werden kann („Die Belastung werde ich sicherlich noch eine Minute halten können!"). Und umgekehrt befreit eine schnelle Lösung von halbseidenen Gefühlen. Die Qualität subjektiver Eindrücke wird in der Praxis auch dadurch deutlich, dass neben der objektivierenden elfstufigen Schwierigkeitsskala schon seit Jahrzehnten eine dreistufige Skala der Innensicht existiert: **„Geht gut"** – **„Geht gerade noch"** – **„Geht nicht mehr"**. Bereits beim Betrachten neuer Routen kommt es zur Bewertung nach der dreistufigen Skala.

Variationskompetenz lebt von der Kompetenz zur Variation. (Foto: W. Schädle-Schardt)

Bild 4: – der Weg der Variation – „Wiederhole, ohne zu wiederholen"

Klettern gehört zu den *offenen* Sportarten. Zu den offenen Bewegungen zählt man jene Fertigkeiten, die unter situativ variierenden Umweltbedingungen realisiert werden müssen. Ihr Hauptmerkmal besteht in der Ausführungsvariation (z.B. die ständige Anpassung der Fortbewegung an wechselndes Gelände). Die Charakterisierung des Kletterns als offene Sportart resultiert daraus, dass Klettern, neben der Umsetzung relativ standardisierter Bewegungen, etwa beim Ausbouldern einer Kletterroute, in der Regel vielfältigen Variationen unterworfen ist, auf die sich der Kletternde immer wieder neu einstellen muss. Daher wächst die Kletterkompetenz aus dem Wissen, wie diktierte Variationen der Umgebung oder des eigenen Körpers (z.B. Variation der Leistungsfähigkeit durch Ermüdung, andere Tageszeit, Wetter usw.) erfolgreich beantwortet werden können. Hervorzuheben ist hierbei, dass der Kletternde immer aufgefordert ist, sich der Variation der Kletterstruktur anzupassen und unterzuordnen. Ziel des Kletternlernens ist also auch das *Variationslernen*.

Zusammenfassung: „Viele Wege führen nach oben – die Mischung macht den Könner"

Technikzentriertes Lehren und Lernen (Bild 1) begreift den lernenden Menschen als programmierbaren Bioplasten, der gespannt darauf wartet, in die geheimnisvolle Justierung seines noch unbeholfenen Kletterdaseins eingewiesen zu werden. Fallen eigene Technikideen aus dem Rahmen, werden sie als Fehler, als gescheiterte Fortbewegungslogik, nicht unbedingt weiterverfolgt. Der Lernende folgt dem erfahrenen Vorbild.

Schön lässt sich dieses Vorgehen am Beispiel von Skikursen aufzeigen. Alle – Große, Kleine, Dicke, Dünne – fahren einem Vorbild und einander nach, anstatt ‚je für sich, das Schwingen zu *be-greifen*, zu *er-fühlen* oder intuitiv zu *er-obern*. Technikorientiertes Vorgehen könnte an Farbe gewinnen, würde es gelingen, den Blick nach innen zu öffnen, den Blick in Empfindungen hineinzuweiten.

Erst Fühlen und Spüren ebnen den Weg zu klareren Einsichten. Ausschließlich Empfindungen vertreiben letzte optische Zweifel zur Brauchbarkeit der Fortbewegungspunkte. In der selbstbestimmten und spannungsreichen Auseinandersetzung zwischen Schwerkraft und der Leichtigkeit ihrer Überwindung entwickeln sich Körpergefühle und Körperbild (Bild 2).

Mit steigendem Vertrauen in die eigenen Sinne wächst Kompetenz. Unerlässlich ist hierzu das direkte Aus- und Erleben der selbst entworfenen, eigenen Ideen. Kletterkompetenz speist sich aus dem Umfang individuell durchlittener und subjektiv beurteilter Empfindungen, bezogen aus dem Klettern selbst. Die Vielzahl empfindungsgeladener Umwege (Bilder 3 u. 4) schafft im Empfindungsstrom Schattierungen, Nuancen, regelhafte Beziehungen, die erfolgreiches Verhalten von innen heraus wachsen lassen. Der Kletterer lernt über eine Auseinandersetzung mit Bewegungsaufgaben eine mögliche Bewegungsperspektive für sich selbst zu erkunden und eine für brauchbar bewertete Lösung umzusetzen. Er gewinnt an Erfahrungen, die mit einer Schritt für Schritt methodisch geführten Aufbereitung von Bewegungslösungen – wie sie beim Lehren und Lernen der Sicherungstechniken zwingend ist – nur schwer zu vermitteln sind. Vielfältige Versuche und begleitende Rückmeldungen liefern Einsichten darüber, wie die Organisation des Körpers, wie ein Hineinfließen in Griffe, Tritte und Strukturen mehr oder weniger erfolgreich gelingt.

Fassen wir zusammen, dann gehört zum erfolgreichen und lebenslangen Klettern lehren und lernen der Erwerb und die Ausbildung von:

- Klettertechniken.
- variablem Bewegungskönnen (die Voraussetzung dafür, um situativ trefflich Bewegungen zuordnen und ausführen zu können.).
- Wahrnehmungskompetenz (Beurteilung der Verhaltenssicherheit, losgelöst von den Augen, eine kinästhetisch-taktile Innensicht) und
- Geländeanalysekompetenz (Bewegungsplanung). Es empfehlen sich vier Schulungsperspektiven.

Klettern lernen – ohne Fleiß kein Preis (Foto: W. Schädle-Schardt)

Bausteine zum Klettern lehren und lernen

KLETTERN LEHREN UND LERNEN	
AUSBILDUNG ÖKONOMISCHER UND ERFOLGREICHER LÖSUNGSVERFAHREN IN UND FÜR VARIABLE UMGEBUNGEN	
SCHULUNGSPERSPEKTIVEN IM KLETTERSPORT	
TECHNIKERWERB **TECHNIKERWERBSTRAINING** *Schulung elementarer Kletterbewegungen* *Aspekt „Technik"*	**SINNESCHULE** **WAHRNEHMUNGSTRAINING** *Sensibilisierung der Wahrnehmung* *Aspekt „Gefühl"*
TECHNIKVIELFALT **TECHNIKVARIATIONSTRAINING** *Schulung der Bewegungsvielfalt* *Aspekt „Variation"*	**GELÄNDEANALYSE** **BEWEGUNGSPERSPEKTIVENTRAINING** *Schulung der Bewegungsperspektive* *Aspekt „Betrachtung"*

Lehr-Lern-Prozesse beim Klettern bewegen sich in einem Spektrum vom eng begleiteten Führen bis zum frei entfalteten Wachsenlassen. Dabei werden die genannten vier Aspekte beim Klettern immer in ihrer untrennbaren Einheit gefordert und gefördert. Daher stellt das beste Training das Klettern selbst dar. Allerdings macht es Sinn, jeden Aspekt für sich zu schulen, da in der akzentuierten Auseinandersetzung ein tieferes Verständnis für jeden einzelnen Aspekt entwickelt wird. Lehren und Lernen muss den genannten Bausteinen genügen: *Technikerwerb*, *Variation*, *Wahrnehmung* und *Geländeanalyse*.

6.4 TECHNIKERWERB

Vom Kennen lernen bis zum groben Koordinieren

Ein besonderer Reiz des Kletterns liegt in seiner Offenheit. Nicht alles ist planbar. Ein Restrisiko bleibt. Umgebungsbedingungen, eigenes Handeln oder das unseres Partners sind nur eingeschränkt vorhersehbar. Zuversicht und Selbstvertrauen in die Bewältigung unbekannter Routen und Situationen beziehen wir aus unserem Erfahrungsschatz. Ein taktisch kluger Einsatz unserer Klettererfahrungen setzt voraus, dass wir über geeignete verfügen. Weiterhin heißt Klettern lernen nicht nur Technikerwerb und Technikanwendung spezifischer Kletterbewegungen, sondern umfasst auch die Aneignung aller anderen Tätigkeiten, die nicht unmittelbar der Fortbewegung dienen, wie etwa das Einbinden, das Sichern, das Legen von Keilen, das Anbringen von Schlingen, das Setzen von Klemmapparaten, das Einschlagen von Haken, das Einhängen der Karabiner oder die Handhabung des Seils. Wenden wir uns der Kletterbewegung zu.

Für eine neue Bewegung ziehen wir in einem ersten Schritt aus der Erinnerung Erfolg versprechende Bewegungserfahrungen zusammen. Wir stützen uns hierbei nicht nur auf bereits bekannte Kletterfertigkeiten. Auch Bewegungen aus ganz anderen Lebensbereichen (wie z.B. alltägliche Handbewegungen) oder auf den ersten Blick recht entfernte Erfahrungen aus der Schulzeit (wie z.B. aus dem Gerätturnunterricht) helfen dabei, in unseren Köpfen eine erste Bewegungsvorstellung zu formen. Im geschilderten ersten Anlauf beim Lernen geht es uns also um die Erarbeitung einer Bewegungsvorstellung.

Aufbau einer Bewegungsvorstellung

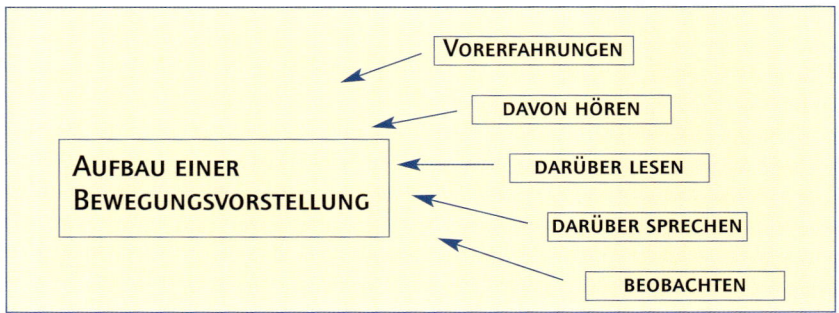

Durch Zuschauen, Lesen einschlägiger Bewegungsbeschreibungen oder durch Reden über Kletterbewegungen entsteht zunächst eine grobe Bewegungsvorstellung. Sie dient als Einstieg, als erste Orientierungsgrundlage. Nach dem Aufbau der Bewegungsvorstellung muss diese nun solange probiert, verändert, probiert ... werden, bis uns die Grobkoordination der Kletterbewegung gelingt, d.h. die Ausführung unter günstigen Bedingungen.

Hierbei ist zu beachten, dass wir im ausgeruhten Zustand lernen, d.h., wir sollten beim Üben frisch und aufnahmebereit sein. Ein Aufwärmprogramm unterstützt uns. Es gilt, ruhig und konzentriert zu üben und eine relativ angstfreie Lernatmosphäre herzustellen. Korrekturen sollten uns nur dann mitgeteilt werden, wenn wir auch entsprechend aufnahmebereit sind. Nach anstrengenden Passagen ist es daher ratsam, sich erst einmal zu beruhigen und zu sammeln. Es macht keinen Sinn, in das Ausschnaufen hinein die ersten Verbesserungsvorschläge zu legen, der Kletterer wird sie nicht hören.

Nach dem Erholen und der Möglichkeit der eigenen Überlegungen zum Bewegungsergebnis kann mit Korrekturen von außen losgelegt werden. Da unsere Bewegungsempfindungen recht schnell verblassen, müssen Bewegungskorrekturen in den ersten Minuten nach Übungsende erfolgen. Zudem ist darauf zu achten, dass nicht zu viele Korrekturinformationen mit auf den Weg gegeben werden. *Ein* treffender Korrekturhinweis reicht zumeist völlig aus. Beherrschen wir die Technik in ihrer Grobform, dann können wir uns einer anderen Herausforderung stellen.

6.5 TECHNIKVARIATION

Vom Groben zur Variation – Schemalernen

Im zweiten Schritt gilt es nun, im Sinne der späteren Anforderungen, an die Variationsfülle die Bewegungen in verschiedenen Situationen anzuwenden. Aus der Anwendung sammeln wir Einsichten in die Angemessenheit der gewählten Techniken unter variablen Bedingungen (z.B. Krafteinsatz, Bewegungsdauer, Körperstellung).

Unser Ziel liegt darin, uns zu merken, welche Ausgangsbedingungen welche Bewegung mit welchem besonderen Zuschnitt erfordern. Alle gesammelten Erfahrungen halten wir in unserem Bewegungsgedächtnis fest, um sie für später abrufbar zu haben.

Die Qualität, wie es uns gelingt, gespeicherte Erfahrungen gezielt abzurufen, bestimmt sehr stark die Flexibilität unseres Kletterkönnens. Nach jeder Bewegungsausführung verfügen wir über Informationen zu situativen Ausgangsbedingungen, zur ausgeführten Technik, zum Krafteinsatz, zur Ausführungsgeschwindigkeit und zum Ergebnis der Bewegungsausführung. Über die Verknüpfung vieler Wiederholungen entwickeln wir eine regelhafte Vorstellung darüber, in welcher Beziehung Ausgangsbedingung, Bewegung und Ergebnis zueinander stehen. Wir halten diese Erfahrungen in einer *Wenn-dann-Formel* fest, die uns bei Bedarf die Variation oder die Wiederholung einer Kletterbewegung erlaubt. Wenn-dann-Zusammenhänge ermöglichen uns das Klettern unbekannter Routen.

Zur Entwicklung von „Wenn-Dann"

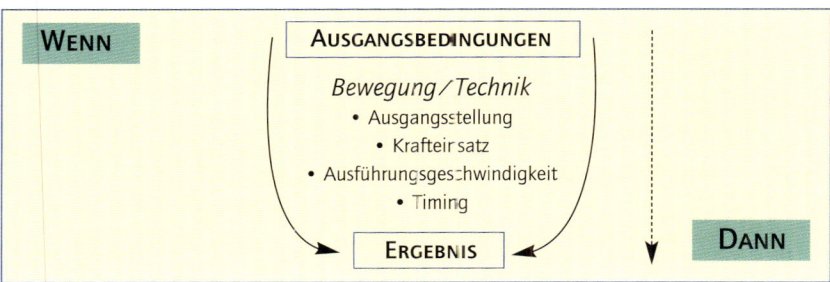

Der zu wählende Weg besteht, über alle Könnensstufen hinweg, im Üben, Üben und nochmals Üben. Es muss unser Ziel sein, von Anfang an Flexibilität zu schulen und zu fördern, wann immer es sich anbietet: wiederhole, ohne zu wiederholen. Ergänzend haben wir uns darum zu bemühen, Überlegungspausen zwischen Tritt- und Griffkombinationen bewusst zu verkürzen (kleiner halten als drei Sekunden), womit wir lernen, Entscheidungen schnell zu treffen. Das hartnäckige, vielfache Üben sichert die umfassende Kenntnis der Klettertechniken, der auftretenden kinästhetischen Bilder und der einzubringenden Willensqualitäten zur optimalen Ausführung unter guten und schlechten Bedingungen.

Technikvariationstraining

Das vielfache und variantenreiche Wiederholen unserer Bewegungen garantiert uns ein hohes Kletterkönnen. Sollten sich bestimmte Vorlieben herausbilden, sind diese zu zügeln. Das Aufsuchen von Routen mit ganz bestimmten, gleich bleibenden Technikanforderungen führt uns zwar dort zu anfänglich höherer Sicherheit, verhindert aber die Ausformung vernachlässigter, aber ebenso bedeutsamer Klettertechniken, denen wir dann vielleicht eher aus dem Weg gehen, weil wir sie nicht so gut beherrschen, diese nicht so viel Spaß bereiten und wegen begleitender Unsicherheit eher ungute Gefühle bescheren. Damit wäre aber die flexible Ausbildung im Keime erstickt. Gerade beim Klettern können wir von einer sehr offenen Sportart sprechen. Immer wieder müssen wir unsere Bewegungen neu anpassen und geschickt beleben.

Inhalte Variationslernen – alles ist erlaubt, was Variationen bietet

- Zum Klettern unbekannter Routen, Boldern, in Hallen Routen umschrauben.
- Zum Klettern sich technisch ständig ändernder Routen (Lochkletterei, Piaz usw.).
- Zur Kombination nebeneinander liegender Kletterrouten.
- Zum Klettern unter erschwerten Bedingungen (Regen, Kälte, ohne Magnesia).
- Zum Klettern bei unterschiedlichen Lichtverhältnissen und Tageszeiten.
- Zur Variation der Ausgangs- und Endstellungen der Körperglieder.
- Zur Variation der Routenlänge, des Krafteinsatzes.
- Zum Klettern mit Tempovariationen.

Weg der Variation

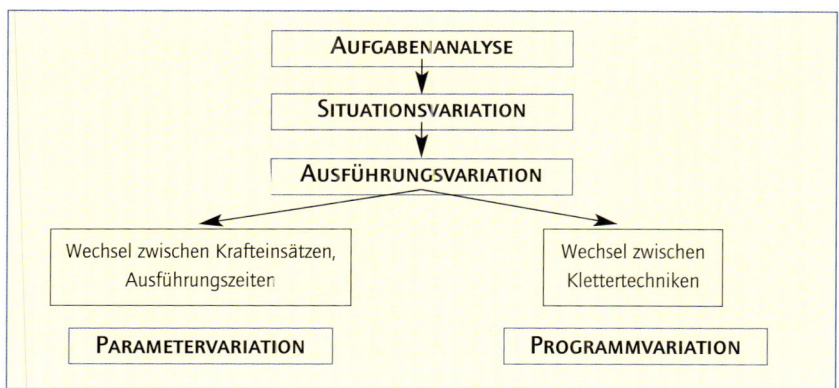

Der Weg, um erfolgreich klettern zu lernen, geht dort lang, wo Probleme und Ängste stecken, nirgends sonst. (Foto: W. Petschke)

- Zum Klettern mit Handschuhen.
- Zum Klettern mit schweren Bergschuhen oder barfuß.
- Zum Klettern mit Zusatzgewichten (z.B. Rucksack, Gewichte an Hand oder Fuß).
- Zum Klettern mit einem Pendel (2-3 kg, an einer 50-70 cm langen Schnur am Klettergürtel befestigt).
- Zum Klettern mit Unterstützung durch Seilzug.
- Zum Klettern ohne Einsatz der Hände, einarmig – einbeinig klettern.
- Zum Klettern derselben Route, nur mit anderen Griffen und Tritten.
- Zum Klettern in anderer Felsart und -struktur (z.B. Granit, Kalk).
- Zur Variation von Griff/Tritt (Anzahl, Größe, Form, Farbe, Abstand, Neigung).
- Zur Variation der Belastungsrichtung (normaler Griff, Seitgriff, Untergriff).
- Zur Variation des optimalen Formschlusses (gezielte Veränderung der Auflagefläche und -form von Händen und/oder Füßen).
- Zur Variation des Greifens im toten Punkt (Dynamo, Doppeldynamo mit beiden Händen gleichzeitig greifen).
- Zur Variation der Beschleunigung und der Bewegungsweite beim Dynamo.
- Zur Variation des Antretens (Fußspitze, Innen-, Außenspann, Foothook, Umspringen, Abziehen).
- Zur Variation des Kreuzzugs (Greifhand über/unter Haltehand).
- Zur Variation der Griffhöhe.
- Zur Variation des Griff-Tritt-Gefüges (Abstände von Händen und Füßen).
- Zur Variation der Körperposition (frontal, seitlich, verdreht).
- Zur Variation des Körperschwerpunktverlaufs (lange, kurze, enge, weite Wege der Körperschwerpunkts).
- Zum Übertreiben der Bewegungsausführungen (z.B. extrem weite Züge, großräumige Bewegungsführung von Armen und Beinen).
- Zur Veränderung der Bewegungsrichtung (bewusster Wechsel von Auf- und Abklettern und Queren).
- Zum spiegelbildlichen Üben (Partner als Vorbild).
- Zum rhythmischen Üben (Rhythmusvorgabe durch Partner, Klettern mit Musik).
- Zum Klettern unter Zeitdruck (schneller klettern als gewollt).
- Zur Ausführung zusätzlicher Aufgaben während des Kletterns. (z.B. Gedichte rezitieren, einen Tuchring auf dem Kopf balancieren).
- Zum Klettern mit geschlossenen Augen, verschlossenen Ohren.
  Weitere Aufgaben siehe Kapitel 6.8.

Auf der Ausbildung einer gedanklichen Wenn-dann-Formel zwischen Ausgangsbedingung, angemessener Technik und Ergebnis basiert variables Klettern. (Foto: M. Fickert)

Variation durch *Seitigkeit*

Eine weitere Quelle der Variation bietet die Beachtung funktioneller Vorlieben für Hand und Fuß. Als Rechts- oder Linkshänder bevorzugt man, je nach der Händigkeit, eine Hand als Haltehand (*Nadel halten*) und die andere als Führungshand (*Faden einfädeln*). Beim Klettern kommt dies dadurch zum Ausdruck, dass insbesondere Quergänge freiwillig von Rechtshändern zumeist von links begonnen werden. Die linke Hand dient – beim Rechtshänder wie im alltäglichen Leben – wahrscheinlich als Haltehand. Die rechte Hand als koordinativ bessere Führungshand bemüht sich um neue Griffe.

Nicht nur unter koordinativen, sondern auch konditionellen Gesichtspunkten macht es Sinn, Benutzungsvorlieben für die rechte oder linke Hand ausgewogen zu gestalten. Z.B. Querungen stets von beiden Seiten zu klettern, steht für Variation und wird damit den Empfindungsstrom von Führungs- und Haltehand neu beleben. Gebrauchsvorlieben (*Seitenpräferenz*) gehören zum Thema *Seitigkeit*. Darunter versteht man die funktionelle Dominanz (z.B. Rechtshändigkeit) oder das morphologisch-anatomische Überwiegen (z.B. dickerer rechter Unterarm) einer Extremität bzw. Körperhälfte. Funktionelle Vorlieben gibt es auch bei der Drehseitigkeit und in Bezug auf die Füße, Ohren und Augen.

Aspekte der *Seitigkeit* im Überblick

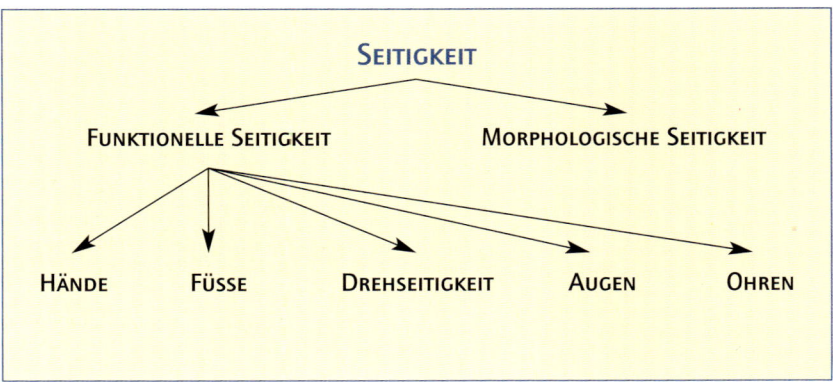

Rhythmus und Geschwindigkeit – zeitliche Spiegel der Variation

Auf das Engste mit der Bewegungsvariation ist der *Bewegungsrhythmus* verknüpft. Er spiegelt den aufgabenspezifischen Wechsel zwischen An- und Entspannung wider. Im Kletterrhythmus wird deutlich, wie schnell und präzise variable Umgebungsbedingungen umgesetzt werden.

Dabei gibt es folgendes Problem: Im Klettern gilt es, aus energetischer Sicht (z.B. aus Sicht der Kraftausdauer) relativ zügig vorwärts zu kommen. Schnelleres Klettern spart Kraft, da sich die Gesamtkletterzeit verkürzt. Einem schnelleren Klettern steht entgegen, dass die höhere Beschleunigung des Körpers einen größeren Krafteinsatz fordert (Ansteigen muskulärer Belastungsspitzen), das dosierte Abfangen der beschleunigten Körperlast erschwert wird (stärkere exzentrische Belastung beim Fixieren von Griffen) und zudem (potenzielle) Erholungszeiten der Muskulatur kürzer ausfallen.

Ein langsameres Klettern hingegen würde die Gesamtbelastungsdauer zwar erhöhen, aber geringere Belastungsspitzen provozieren und längere Erholungszeiten bieten. Aus informationeller Sicht (Orientierung) ist es ratsam, die Zeit zur erfolgreichen Wegfindung zu nutzen. Fehlentscheidungen lassen sich damit vermeiden, die etwa ein Versteigen oder in letzter Konsequenz einen Sturz nach sich ziehen können.

Beide Verhaltenszwänge *Ökonomie* und *Orientierung* werden beim Klettern aufeinander abgestimmt und in einer leistungsoptimierenden Klettergeschwindigkeit sichtbar. Der Abstimmungserfolg hängt davon ab, inwieweit Gestaltungsfähigkeit (Information, Orientierung) und Arbeitsfähigkeit (Energie, Ökonomie) situationsgerecht miteinander harmonieren.

Je nach Leistungsniveau, Trainingszustand und Schwierigkeitsgrad werden individuelle Abstimmungsergebnisse in der Variation der Fortbewegungsgeschwindigkeit sichtbar, deren Veränderung (Reduzierung oder Erhöhung) inhaltlich unterschiedlich erklärt werden kann. Eine Verlangsamung der Klettergeschwindigkeit entspringt z.B. einem Orientierungsbedarf während der Bewegungsausführung. Transparenz und Einfachheit der Klettersituation erlauben eine Erhöhung. Aber auch schwindende Kräfte oder nur kurzzeitig realisierbare Kraftleistungen (z.B.

Fixierung besonders kleiner Haltepunkte) legen (oft) zügiges Weiterklettern nahe. In der Klettergeschwindigkeit treffen Transparenzstreben, Orientierung und Ökonomiepflicht stets in einer Einheit zusammen. Die im Fluss der Bewegung stattfindende Variation der Klettergeschwindigkeit findet sich im Klettern allerdings nur dort, wo es möglich ist, eine zyklische Phasenstruktur aufrechtzuerhalten, d.h. Fortbewegungspausen den Kletterfluss nicht unterbrechen.

Konsequenzen der Veränderung der Fortbewegungsgeschwindigkeit beim Klettern für Information und Energie

Zunahme — Fortbewegungsgeschwindigkeit — Reduzierung	
Energetische Sicht	**Energetische Sicht**
• Kürzere Erholungszeiten	• Längere Erholungszeiten
• Höhere Belastungsspitzen	• Niedrigere Belastungsspitzen
• Verminderung der Gesamtbelastungszeit	• Erhöhung der Gesamtbelastungszeit
Informationelle Sicht	**Informationelle Sicht**
• Präzisionsverlust	• Präzisionszugewinn
• Reduzierte Situationsanalyse	• Umfangreichere Situationsanalyse
• Verminderte Bewegungsplanung	• Verbesserte Bewegungsplanung
• Grobe Bewegungsevaluation	• Feinere Bewegungsevaluation
• Erhöhung der Fehlerzahl	• Reduktion der Fehlerzahl

In der Nähe der klettertechnischen und physischen Leistungsgrenze arbeiten der energetische Zwang zur schnellen Problemlösung (zeitlich begrenztes Kraftpotenzial) und ein vermehrter Zeitbedarf zur subjektiv für optimal erachteten Organisation von Griff und Tritt auf das Engste gegeneinander. Ein gegenläufiger Verhaltensdruck – Informationsaufnahme (im Prinzip zeitverlängernd) und Dauer und Umfang des Krafteinsatzes (im Prinzip zu reduzieren) – führt zu einem Auseinanderfallen der Kletterbewegung in zwei charakteristische Abschnitte, die *Arbeits-* und die *Ruhephase* (azyklische Struktur). Arbeitsphasen, in denen die dynamische

Verlagerung des Körperschwerpunkts zur Fortbewegung erfolgt (primär Umsetzung der Bewegungslösung), münden in Ruhephasen, in denen statische Haltearbeit zur Stabilisierung/Erholung/Orientierung (primär Erarbeitung der Bewegungslösung) geleistet wird. Sowohl Arbeits- als auch Ruhephasen lassen sich situativ verlängern oder verkürzen. Dabei resultiert die Veränderung der Gesamtklettergeschwindigkeit vorrangig aus der Verlängerung oder Verkürzung der Ruhephase und nur in geringer Bandbreite aus der Erhöhung/Reduzierung der eigentlichen Fortbewegungsgeschwindigkeit in der Arbeitsphase.

Die Umsetzung einer adäquaten Klettergeschwindigkeit sowohl in zyklischer als auch azyklischer Art erfolgt im Wechselspiel aus Be- und Entlastung von Armen und Beinen. Ein routendefiniertes, zeitliches Anforderungsprofil wird sichtbar, das die Aspekte Belastung und Entlastung abbildet. Unter trainingsmethodischen Aspekten lohnt es sich, Belastungs- und Entlastungszeiten zu kennen, um das methodische Vorgehen im Training bewusster an deren Bandbreite oder ihren besonderen Zeitfenstern auszurichten.

Ein Training unter kletterspezifischen Be- und Entlastungsstrukturen, z.B. angewendet bei einem Kraftausdauertraining, fördert die Leistungsentwicklung, da in der Ausführung die Zeiterfordernisse für Informationsverarbeitung (verlängerte Reizdauer) integriert sind, was bei einem reinen Kraftausdauertraining am Trainingsbalken fehlt. Die trainingspraktische Nutzung eines realistischen Rahmens aus Be- und Entlastungszeiten setzt deren Kenntnis voraus. Exemplarisch zeigen die folgenden Abbildungen aus dem Weltklassebereich (Internationale Deutsche Sportklettermeisterschaft 1989, Europameisterschaft 1992, Weltmeisterschaft 1993) typische Be- und Entlastungsspannen der Arme.

Die Belastungszeiten betragen im Durchschnitt etwa zehn Sekunden und variieren zwischen 1-50 Sekunden. Die Entlastungszeiten streuen zwischen 1-20 Sekunden. Im Mittel beträgt die Entlastungszeit ungefähr 2-3 Sekunden. Am häufigsten werden Paare aus Belastung und Entlastung gefordert, die zwischen 1-20 Sekunden Belastung liegen, denen relativ kurze Entlastungszeiten von 1-4 Sekunden folgen (78% aller Fälle für Männer, 75% aller Fälle bei Frauen). Be- und Entlastungszeiten bleiben relativ gleichartig, unabhängig vom Geschlecht, vom Wettkampf oder der zurückgelegten Kletterstrecke (beobachteter Zeitpunkt, vgl. Abbildung).

Interessanterweise liefern Belastungs- und Entlastungsanalysen der Arme bei Weltklassekletterern (Hallenklettern, Vorstieg, n = 23, 907 Intervalle), Freizeitkletterern (Felsklettern, Nachsteig, n = 7, Studierende, Schwierigkeitsgrad 4-5, 500 Intervalle) und bei Kleinkindern (senkrechte Boulderwand, 4-5 Jahre, 200 Intervalle) aus dem Kindergarten ein ähnliches Muster (vgl. Tabelle).

Be- und Entlastung der Arme im Überblick

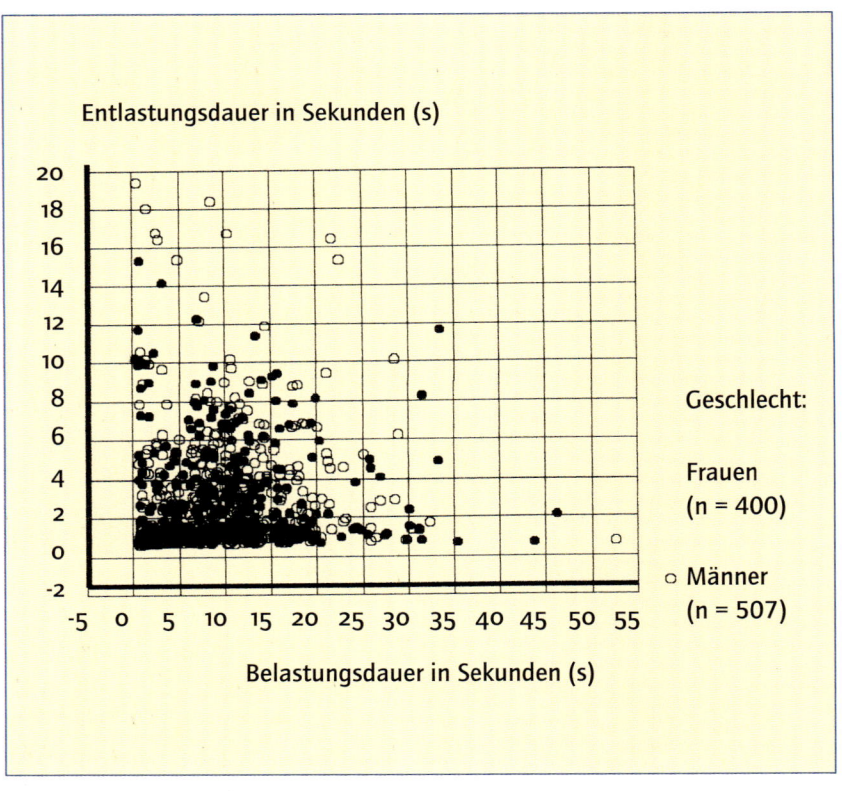

Be- und Entlastung der Arme über die Kletterstrecke

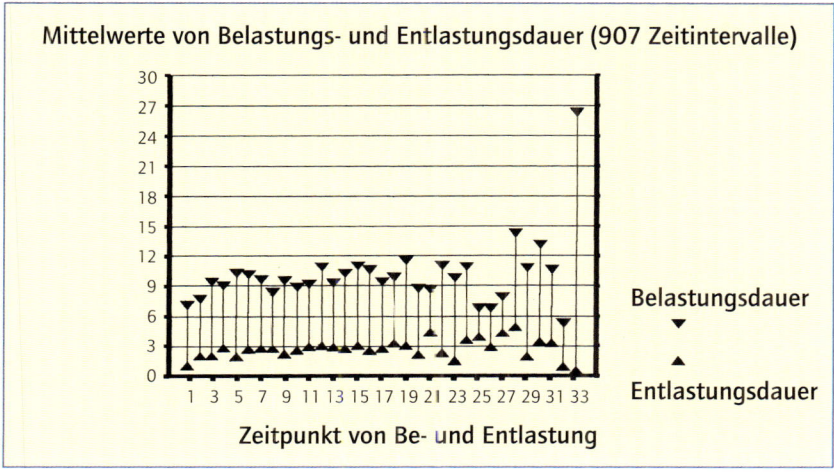

Mittelwerte von Belastungs- und Entlastungsdauer (907 Zeitintervalle)

Belastungsdauer ▼

Entlastungsdauer ▲

Zeitpunkt von Be- und Entlastung

Be- und Entlastungen der Arme im Weltklasse- und Freizeitbereich (Durchschnittswerte und Bandbreite)

	WELTKLASSE	FREIZEIT	KINDERGARTEN
Belastungszeit	10 s 1-50 s	8 s 1-42 s	7 s 1-42 s
Entlastungszeit	2-3 s 1-20 s	2 s 1-15 s	1 s 1-22 s

Ähnliche Belastungsspektren in unterschiedlichen Klettersituationen und Kletterniveaus deuten ähnliche Entscheidungzeiten an. Trifft die Vermutung zu, dass bereits in den Anfängen des Kletterns zeitliche Muster für Entscheidungen eingeübt und gefestigt werden, wäre es wichtig, diese früh entstehenden Zeitbarrieren rechtzeitig zu durchbrechen, um langfristig erfolgreiches und zügiges Klettern zu ermöglichen. Die bewusste Umsetzung von Be- und Entlastungszeiten ist am Trainingsbalken und beim Klettern denkbar.

Übungen am Trainingsbalken

- *Simulation der Bandbreite an Be- und Entlastungen*
  Belastungszeiten der Arme: Relativ kurzer, dynamischer Belastungsabschnitt von 0-2 Sekunden Dauer (Arbeitsphase), statischer Belastungsabschnitt in der Ruhephase streut von 1-60 Sekunden – Hauptbereich zwischen 1-20 Sekunden.
  Entlastungszeiten der Arme: Streuen zwischen 1-20 Sekunden, Hauptbereich zwischen 1-4 Sekunden.
  Bevorzugte Kombination: 1-20 s Belastung bei 1-2 s Entlastung.

- *Extremwerttraining*
  Es ist sinnvoll, gerade weniger häufig auftretende Belastungssituationen aufzugreifen, die den Zeitbedarf von schwierigen Kletterstellen (Schlüsselstellen) abbilden. Von daher ist ein Extremwerttraining der Arme gerechtfertigt, welches Belastungswerte fordert, die größer als 20s sind und bis 60 s reichen.

Übungen beim Routenklettern oder Bouldern

- *Verlängerung der Belastungszeiten*
  Zur Simulation von Problemlösesituationen (Schlüsselstellen im weiteren Sinne) wäre über geeignete Aufgabenstellungen eine Verlängerung der Belastungsintervalle anzustreben:
- *Blinddate-Klettern*: Toprope-Klettern leichterer Routen mit geschlossenen (verbundenen) Augen oder bei (einsetzender) Dunkelheit. Der Zwang zum Erfühlen von Griffen und Tritten verlängert die Belastungszeiten von Beinen und Armen. Aus Sicherheitsgründen ist das Toprope-Klettern Pflicht und bei der Routenwahl ist darauf zu achten, dass ein Abrutschen nicht zu Verletzungen führt (Helm!).
- *Diktator*: Zur bewussten Reduzierung der Klettergeschwindigkeit in bekannten Kletterrouten gibt der Partner Art (z.B. Vorgabe der Fixpunkte der Hände bei freier Wahl der Grifftechnik und des Beineinsatzes) und Zeitrahmen der Fortbewegung (Arbeits- und Ruhephasen) vor. Diese Variante erfordert vom Partner ein gutes Einfühlungsvermögen, da Griffe und Tritte weder zu schwer noch zu leicht gewählt werden dürfen.

Längere Haltezeiten simulieren Entscheidungen. (Foto: W. Schädle-Schardt)

- *Zahlenspielerei*: Selbstvorgabe von Be- und/oder Entlastungszeiten während des Kletterns (z.B. immer bis 5 zählen, dann erfolgt der Griffwechsel).
- *Slow-Motion-Tour*: In Zeitlupe klettern.
- *Intransparenzprinzip*: Kletterrouten im submaximalen Schwierigkeitsbereich aufsuchen, die vom Gefühl her nicht einladend wirken, ungeliebte Techniken verlangen, von unten schwer erkennbare Lösungen andeuten oder stark strukturierten Fels aufweisen (Qual der Auswahl an Tritten und Griffen).
- *Fixator*: Abbremsen und Abstoppen der Kletterbewegung kurz vor dem eigentlichen Zugreifen oder Antreten. In dieser Stellung verharren, frei wählbare Zeitintervalle verstreichen lassen, dann erst die Bewegung beenden, d.h., den Griff greifen und fixieren oder den Fuß setzen. Fordert längere Be- und Entlastungsintervalle in ungünstigen Körperpositionen.
- *Abklettern*: Ungewohnte optische Eindrücke und an wenig Vorwissen anbindbares Abklettern (topropegesichert) führt von selbst zur Verlangsamung der Klettergeschwindigkeit.

Um völlig losgelöst von engeren Zeitvorgaben den Kletterrhythmus zu schulen und antrainierten Geschwindigkeitsbarrieren entgegenzuwirken, ist es wichtig, auch die Klettergeschwindigkeit regelmäßig zu variieren. Denn über das häufige und gleichförmige Ausführen individueller Rhythmen aus Be- und Entlastung können sich starre Zeit- und Geschwindigkeitsmuster (*Analyse-* und *Orientierungsbarrieren*) herausbilden, die der flexiblen und variablen Geschwindigkeitswahl entgegenstehen und damit langfristig die Leistungsentwicklung bremsen. Folgende Übungsbeispiele mögen helfen, dies zu verhindern:

- *„Nimm ab"*: Schnell beginnen, dann immer langsamer werden.
- *„Gib Gummi"*: Klettergeschwindigkeit langsam steigern.
- *„Gib alles"*: Klettern mit maximaler Geschwindigkeit.
- *„Wechselbad"*: Geschwindigkeit an- und abschwellen lassen.
- *„Leise-laut"*: Kletterrhythmus hörbar machen durch Glöckchen am Handgelenk und/oder Fußgelenk. Hierbei die Lautstärke variieren.
- *„Dauerklingeln"*: Flüssiges Klettern ohne Unterbrechung.

Gerade in der schützenden Umgebung der Kletterhalle macht es Sinn, Geschwindigkeitsbarrieren aufzubrechen. (Foto: N. Petterich)

Lernen folgt allgemeinen Mustern, die aber individuell justiert werden müssen. (Foto: W. Schädle-Schardt)

Vom breiten Variieren zu Enge und Monotonie

Ein zielstrebiges Fortführen unseres variablen Übens führt uns allmählich in ein Könnensstadium, in welchem die Klettertechnik nun auch unter ungewohnten und schwierigsten Bedingungen gelingt. Das Beherrschen der Klettertechniken ermuntert uns zum Klettern schwieriger Routen. In den Vordergrund tritt nun das Klettern unter eng definierten, klar vorgegebenen Fortbewegungsmöglichkeiten in höheren bis höchsten Schwierigkeiten. Kletterbewegungen an der Leistungsgrenze erfordern den optimalen Einsatz aller leistungsbestimmenden Faktoren. Die Bewältigung der Route verlangt oft den mehrmaligen Durchstieg, die exakte Einstudierung der Bewegungsabfolge, begleitendes Kraft- und Beweglichkeitstraining. Beim Tanz in der Vertikalen regiert das eintönige und konstante Üben technischer und taktischer Details an einer bestimmten Kletterroute.

Zusammenfassung

Jeder von uns hat – ganz gleich, wie lange oder gut er schon klettert – sein bestehendes Kletterkönnen als Eingangsmaßstab zu berücksichtigen, woraus er sein weiteres Vorgehen ableitet. Aus seiner ganz persönlichen Sicht muss er deshalb beurteilen, was ihm zur Verbesserung seiner Kletterkünste weiterhilft. Das kann sowohl für den Anfänger, den Fortgeschrittenen oder den Meister im Neulernen einer Kletterbewegung liegen, im Bedürfnis, Kletterbewegungen vielfältiger zu variieren oder im situativ günstigen Anwenden liegen. Allerdings sollte sich jeder Kletterer in diesen Zuständen regelmäßig bewusst bewegen, um die Tür zur Weiterentwicklung offen zu halten.

6.6 ÜBERFORDERUNGEN BEIM KLETTERN LEHREN UND - LERNEN

Zum Abschluss wollen wir Wege aufzeigen, die, quer über alle Schwierigkeitsgrade, Könnensstufen und Aufgaben (z.B. Knotenschule) hinweg, systematische Hilfen gegen Überforderungen im Lehr-/Lernprozess anbieten.

Die Technik ist zu komplex

Probleme beim Neulernen können entstehen, wenn uns der Lernumfang, die Menge, überfordert. Ein zu komplexes Nacheinander/Nebeneinander lässt sich entschärfen, indem wir die Kletteraufgabe oder die sicherungstechnische Aufgabe in kleinere, für sich selbstständig ausführbare Teile oder Teilbewegungen aufgliedern, diese getrennt üben und später wieder miteinander verbinden (z.B. Schweizer Flaschenzug, behelfsmäßige Bergrettung nach SCHUHMANN, Umsteigen, Ausbouldern einer längeren Kletterroute usw.).

Der Knoten platzt nicht

Fehlt zur Umsetzung einer Bewegung oder einer Sicherungstechnik (z.B. Schleifknoten) der letzte Durchblick, kann unser Partner helfend eingreifen und durch Führung (Hand anlegen) unsinnige oder unökonomische Bewegungen auf den richtigen Weg bringen oder über sprachliche Hinweise und Eigendemonstration (vormachen, erklären, nachmachen, üben) die Bewegungen lenken.

Die Kletterbewegung kostet zu viel Kraft

Wären wir grundsätzlich in der Lage, die Bewegung auszuführen, überfordert uns aber noch der nötige Krafteinsatz, dann ist eine andere Kletterroute aufzusuchen, in der die Technik mit geringerem Krafteinsatz ausgeführt werden kann. Denkbar ist auch eine Unterstützung durch Seilzug beim Toprope-Klettern, ein Schieben oder Halten beim Bouldern, beim Hallenklettern ein Austausch der Griffe oder eine Veränderung der Wandneigung.

Vereinfachungsstrategien zum Klettern lehren und lernen

KLETTERTECHNIK		
ÜBERFORDERUNGSGRUND		
TECHNIK	VARIATION	SITUATION
↓	↓	↓
ABHILFE		
TECHNIKERWERB	„WENN-DANN-REGEL" VERBESSERN	SITUATIVE ANPASSUNG
↓	↓	↓
METHODE		
AUFGLIEDERUNG DES ZEITLICHEN NEBEN- UND NACHEINANDERS	BEGRENZUNG DER VARIATIONEN	VEREINFACHUNG DER UMGEBUNG, GERINGERER SCHWIERIGKEITSGRAD

Die Variationsmöglichkeiten sind zu groß

Hier müssen wir versuchen, die Variationsbreite der Technikanwendung zu verkleinern. Wir reduzieren den Einsatzspielraum, indem wir beispielsweise an einer recht übersichtlichen Wandpartie (klare Griff- und Trittvorgaben) üben, die es uns gestattet, eher weniger variantenreich, die Anwendung unserer Klettertechnik zu erweitern und zu festigen. Gleichfalls kann uns ein zu früher und zu häufiger Wechsel zwischen Klettertechniken vor Probleme stellen. Diesem Problem begegnen wir dadurch, indem wir zum einen Routen mit weniger Technikwechseln aufsuchen, und zum anderen in Gelände ausweichen, welches uns den Wechsel in der Klettertechnik ohne Risiko gestattet und genug Zeit zum Überlegen bietet.

Jede Überforderung kann, gleichgültig, auf welchem Niveau sie auftritt, über eine oder mehrere der genannten Gegenmaßnahmen gezielt behoben werden. Grundsätzlich bedarf es zuerst der Identifikation der Schwachstelle. Daran schließt sich die Umsetzung der Hilfe an.

6.7 PERSPEKTIVE –
SCHULUNG DES BEWEGUNGSSEHENS

Das Ziel der Schulung des Bewegungssehens liegt in der zutreffenden Beurteilung der Kletterschwierigkeit, der Routenführung und der Bewegungsanforderungen einer unbekannten, noch nicht gekletterten Route, alleine aus der Betrachtung heraus. Die Hauptaufgabe beim Schulen des Bewegungssehens muss darin bestehen, über viele Einschätzungsversuche und anschließendes Klettern Gedachtes und Wirkliches einander immer mehr anzunähern.

Relativ einfach erscheint die Einschätzung beim Hallenklettern. Wandstruktur, Form und Farbe der Griffe und Tritte und der Routenverlauf sind direkt zu sehen. Viel schwieriger und damit viel mehr Übung erfordert das Spiel mit der Einschätzung beim Felsklettern. Zwar lässt sich der Routenverlauf im Mittelgebirge oft noch erkennen, eine Einschätzung der genauen Wandstruktur und der vorliegenden Griff- und Trittmöglichkeiten ist allerdings nur für den Einstieg möglich. Da sie keine Markierungen tragen, ist der weitere Verlauf schwer bis gar nicht einzusehen. Im Gebirge (Mehrseillängen) wird es dann noch schwieriger. Zur Schulung des Auges sind methodisch folgende Wege gangbar:

Einschätzung: „Ich sage dir, was ich sehe und meine."

Route hinsichtlich Schwierigkeit, Routenverlauf, Schlüsselstellen, No-Hand-Rest, Einhängepositionen, Zwischensicherungen, usw. beurteilen und mit der Routenübersicht der Halle bzw. Kletterführer/Topo vergleichen. Anschließend klettern. Differenzen herausarbeiten.

Begehungsplan – WO, WAS, WIE?

- Markante Griffe und Tritte der Kletterroute herausarbeiten und anschließend im Toprope/Vorstieg das eigene Urteil prüfen.
- Den feineren Griff- und Tritteinsatz erarbeiten und niederschreiben/abzeichnen: Welcher Griff/Tritt ist wie zu greifen/treten? Im Toprope/Vorstieg überprüfen.

Planungskonsequenzen erleben!

- Jeder berührte Griff und Tritt muss zur weiteren Fortbewegung genutzt werden. Kein Probieren erlaubt.
- Man übt partnerweise. Der Partner klettert zwei Züge vor. Dann wird gewechselt und zu den ersten beiden Zügen zwei weitere Züge hinzugefügt (usw.).

Beobachtungskompetenz – ein Muss beim Lehren und Lernen (Foto: W. Schädle-Schardt)

6.8 WAHRNEHMUNGSTRAINING – DIE SCHULUNG DER SINNE

Wahrnehmungsschulung will dazu anregen, die Verhaltenssicherheit an der Innensicht, am Gefühl, auszurichten, Vertrauen in die eigenen Sinne auszubilden, Rückmeldungen situativ passend zu interpretieren, Rückmeldungen zu variieren, zu verfremden, zu kontrastieren, mit Spannung, Gleichgewicht, Druck und Zug, auch unter bewusster Vernachlässigung ökonomischer und effektiver Lösungsverfahren zu experimentieren und Probleme zu lehren anstatt Lösungen anzubieten (Zurückhaltung üben mit gut gemeinten Ratschlägen). Besonders die Situationsanalyse würde davon profitieren.

Erst eine lang geübte, damit beherrschte und automatisierte (wenig bewusste, mit geringer Zuwendung ausführbare) Beurteilung der Wahrnehmungen und ihrer Konsequenzen führt dazu, dass, aufgrund der natürlichen Enge des Bewusstseins, mehr Aufmerksamkeit der Situationsanalyse und der Bewegungsplanung zukommen kann. Ein störendes Springen in der Aufmerksamkeitszuwendung zwischen Innen- (Gefühl) und Außensicht (Wand) vermindert sich zugunsten der Außensicht und umgekehrt.

Wer die Anforderungen einer Felsstruktur schnell lesen kann, dem bleibt auch mehr Zeit, sich seinen Rückmeldungen zu widmen. Der Kletterunterricht aus mehr Selbstbestimmung und mehr Wahrnehmung der Innensicht lebt vom vielfältigen Ansprechen und bewussten Erleben der Sinne. In den nachfolgenden Ausführungen soll der Aspekt der Wahrnehmungsschulung praktisch vertieft werden. Folgende Bereiche kommen dafür in Frage:
- Spannung,
- Gleichgewicht,
- Druck und Zug,
- Sehen, Hören und Riechen.

Damit der Schärfung der Sinne genug Aufmerksamkeit geschenkt wird, empfiehlt es sich, in der Halle oder am Fels im Toprope zu klettern.

Übungsformen

Aspekt Spannung

Zwei Möglichkeiten der Schulung des Bewegungssinns bieten sich an: zum einen das absichtsvolle Aufmerken (Sensibilisieren) gegenüber An- und Entspannungen beim Klettern; zum anderen die Vorgabe, beim Klettern An- und Entspannung zielgerichtet zu verändern.

„Berühre mich! Ich will dir sagen wo!" – eine vorbereitende Übung
Der Fühlende liegt auf dem Bauch oder Rücken. Die Augen sind geschlossen. Sein Partner drückt sanft bis stark auf unterschiedliche Körperstellen. Der Fühlende soll erkennen, wo Druck aufgebaut wird.

„Wo spannt es?"
Jeder stellt sich selbst die Aufgabe, An- und Entspannung beim Klettern an ausgewählten Orten des Körpers während einer bestimmten Kletterzeit zu beachten, z.B. die Spannung im Unterarm, an den Händen, am Bauch, am Hals, am Oberschenkel, in der Wade, am Schienbein, an der Innenseite der Oberschenkel, am Brustkorb, am Rücken, am Fuß oder in den Zehen.

„Fühlball"
Der Partner gibt vor, an welchen Stellen des Körpers Spannungen beachtet werden sollen. Hierzu heftet der Partner einen kleinen, selbst haftenden Ball an die Kleidung der betreffenden Stelle (ein Klebestreifen erfüllt auch den Zweck).

„Rechts-links-Spannung / Parallelspannung"
Die Aufgabenstellung zielt darauf ab, zu fühlen, wie An- und Entspannungen zwischen zwei gleichen, aber symmetrisch gegenüberliegenden Orten variieren, z.B. rechter und linker Unterarm. An- und Entspannung / Belastung und Erholung werden im rhythmischen Wechsel erlebbar.

„Diagonalspannung"
Die Aufgabe besteht darin, An- und Entspannung zwischen zwei diagonal liegenden Extremitäten zu spüren, z.B. rechter Unterarm und linker Oberschenkel.

„Oben-unten-Spannung / Hälftenspannung"
Zu beobachten ist der Wechsel zwischen An- und Entspannung zwischen oberer und unterer Körperhälfte oder feineren Partien, wie z.B. der Nackenmuskulatur und dem rechten Fußrücken.

„Spannungswandern"
Zu beobachten ist, ob und wie Spannungsempfindungen, z.B. von oben nach unten, von rechts nach links oder von links nach rechts durch den Körper wandern.
.

„Vorne-hinten-Spannung / Rumpfspannung"
Die Aufgabenstellung will den Wechsel von An- und Entspannung zwischen Vorder- und Rückseite aufzeigen.

Ballontanz (Fotos: P. Neumann)

„Spannungsberg – Entspannungstal"
Die Aufgabe besteht darin, allmählich, im Verlauf des Kletterns, über die Auswahl der Kletterstrecke (z.B. vom einliegenden Gelände ins senkrechte Gelände) die Spannung oder Entspannung in einem beachteten Bereich des Körpers ansteigen zu lassen.

„Wechselspannung / Spannungswellenreiten"
Im Verlauf der Route das Spannungsempfinden an- und abschwellend gestalten (z.B. Überhang überwinden).

„Weichei"
Spannungen bewusst gering halten.

„Ballontanz"
Mit einem Luftballon unter dem Hemd bleibt der Körperschwerpunkt (wie etwa in einem leicht überhängenden Gelände) von der Unterstützungsfläche der Füße weiter weg und erhöht den Druck in den Händen.

„Nimm die Füße unter die Arme"
Über hohes Antreten nahe bei den Händen Spannung an großen Griffen aufbauen.

„Kontrasteklettern"
Hohe Anspannung macht dann Spaß, wenn der Anspannung eine Entspannung folgt. Solche Situationen schaffen (z.B. dem Überhang folgen Riesentritte).

„Dynamo"
Hohe Anspannungen schaffen durch dynamisches Greifen großer Griffe.

„Mach die Flunder"
Versuchen, so nahe wie möglich, den Körperschwerpunkt an der Wand zu belassen und die Spannungsveränderungen dabei beobachten.

„Riese und Zwerg"
Riesenklettern: Extremitäten weit voneinander entfernt halten. *Zwergenklettern*: Extremitäten so nahe wie möglich einander nähern.

„Griffnix"
Variieren der Griffart (Zug-, Seit-, Unter- und Zangengriffvarianten ausführen).

„Kreuzzug"
Abwechselndes Überkreuzen der Arme und/oder Beine (Überkreuzen – wandnahes oder wandfernes Führen von Arm oder Bein).

„Schwungsack"
Vor jedem Weitertreten und -greifen über eine Ausholbewegung Schwung holen.

„Ohne Umkehr"
Ein flüssiges Klettern ohne (starke) Ausho bewegungen probieren.

„Andersrum"
Querungen stets von beiden Seiten klettern.

Aspekte „Gleichgewicht und Drehmoment"

Auf die große Bedeutung des Gleichgewichthaltens beim Klettern wird immer wieder hingewiesen. Es geht darum, den Körperschwerpunkt über der Unterstützungsfläche des Fußes oder zwischen beiden Füßen zu halten, womit Drehmomente und Kräfte, die über die Hände absorbiert werden müssen, vermindert werden.

„Zwei weg"
Nur auf Tritten balancieren, ohne die Hände zur Unterstützung zu nehmen (macht nur bei einliegenden Wänden einen Sinn).

„Einarmiger Bandit"
Klettern mit einem Arm am Rücken.

„Ratz und Rübe"
Platztausch – von zwei Seiten beginnend, aufeinander zuklettern und dann Plätze tauschen.

„Alles im Lot auf' m Boot, alles in Butter auf' m Kutter"
Wie kann die Lage des Körperschwerpunkts (zu denken etwa im Nabel) verändert werden, um noch als stabil empfunden zu werden? Ein Pendel (Reepschnur mit Karabiner am Ende) zwischen die Beine nehmen, experimentieren und beobachten.

Plätze tauschen – man kommt sich näher. (Foto: P. Neumann)

„Tanz auf einem Bein ∕ Sumokämpfer"
Klettern mit unbelastetem Antreten. Gewicht lastet jeweils nur auf einem Bein. Das unbelastete Bein vollzieht den nächsten Schritt.

„Linienklettern ∕ Vierzehenfaultier"
Hände und Füße bewegen sich auf einer gedachten Linie.

„Streifenklettern ∕ Streifenhörnchen"
Die Linie kann zu engen Streifen erweitert werden.

„Dreh mich"
Nach Drehungen um die eigene Körperlängs- oder -querachse anschließend Klettern.

„Buchstabenklettern"
Extremitäten in Buchstabenform anordnen (z.B. A, Y, X).

Gefühlsvariationen durch Balancieren (Foto: P. Neumann)

Aspekte „Druck und Zug"

Der Tastsinn unterstützt im Erfühlen der Haltepunkte. Druck- und Zugempfindungen zeigen neben kinästhetischen Rückmeldungen recht deutlich, wie zuverlässig und ausdauernd Griffe fixiert und Tritte belastet werden können. Insbesondere werden über taktile Sensoren die Reibungseigenschaften der Kletterstruktur, die Auflageform der Finger/Füße, die Enge des Schuhwerks, die Be- und Entlastungen an Händen und Füßen bewusst.

„Horch hinein"
Die Aufmerksamkeit soll auf das An- und Abschwellen von Druck- und Zugempfindungen gelegt werden, die spontan auffallen.

„Fingerspitz"/„Zehentanz"
Beachtung der Druck- und Zugempfindungen in den Fingerspitzen/Zehen.

„Barfußklettern"
Das Klettern ohne Schuhwerk ist vorsichtig auszuführen (große Tritte), um Verletzungen vorzubeugen. Als Abschürfungsschutz in der Halle helfen alte Socken.

„Handicap"
Klettern mit steigeisenfesten Schuhen, Turnschuhen und/oder mit Handschuhen.

„Rutsch"
Die Hände vor dem Klettern mit Wasser einsprühen oder auf Magnesia verzichten.
Toprope-Klettern an regennasser Felswand.

Die Innensicht definiert maßgeblich den Erfolg. (Foto: P. Neumann)

Blindklettern – Kinästhesie pur (Foto: W. Schädle-Schardt)

„Flächenspiel"
Absichtsvolle Veränderung der Auflagefläche von Fingern und Füßen. Vom optimalen Formschluss bis zur gerade noch haltbaren Fläche.

„Wackelschuh"
Schuhe unterschiedlich fest zubinden (z.B beide locker, nur einer fest).

„Armer Tropf"
Klettern mit nur einem Schuh (Fußwechsel durchführen).

Aspekte „Sehen, Hören, Riechen"

In der Auswahl der Informationen kommt dem Auge eine führende Rolle zu. Das visuelle Abtasten einer Felsstruktur führt zur Vorwegnahme von Griff- und Trittkombinationen. Bewegungsbegleitende Geräusche liefern technisch-taktische Nachrichten, z.B. Zurufe des Partners, das Klicken des Karabiners oder Geräusche beim Seillauf.

Dem Riechen, so scheint es, lässt sich, bei aller Fantasie, zunächst nur schwerlich eine Rolle beimessen, sieht man vom strengen Odeur eines Kletterpartners einmal ab. Man sollte sich aber einmal bewusst vor Augen führen, dass die Wahrnehmung von Gerüchen durchaus Entscheidungen und Verhaltenssicherheit beeinflussen kann (z.B. stinkende Kletterhalle, Schweiß, Knoblauchgerüche, Zigarettenrauch im Vergleich zu frischer Wald- oder Wiesenluft).

Von besonderer Bedeutung ist die Tatsache, dass das Geruchsorgan direkt mit der Emotionsküche im Gehirn verbunden ist. Ohne dass es bewusst werden muss, können unangenehme Gerüche (z.B. beim Klettern in der Nähe einer Müllkippe, schlecht belüftete Kletterhalle, modrig-feuchter Waldboden, Stinkmorchel in der Nähe) dazu führen, dass die zuvor positive emotionale Lage kippt und ein allgemeines Unbehagen die Kletterleistung trübt. Andererseits stimulieren beim Klettern im Freien angenehme Gerüche der Natur und unterstützen das erlebte Wohlbefinden.

„Blindklettern / Taubklettern"
Blindklettern (mit geschlossenen Augen, mit Schutzklappen oder Stirnband) oder klettern, ohne etwas zu hören (klettern mit Gehörschutz).

„Scheuklappe"
Einengung des Gesichtsfelds mit einer Brille/Schirmmütze nach oben und unten.

„Randbetrachtungen"
Klettern mit Brille, wobei das Brillenglas abgeklebt wurde. Das zentrale Sehen wird verhindert.

„Frosch mit der Maske"
Klettern mit Taucherbrille, wodurch das periphere Sehen ausgeschaltet wird.

„Zyklop"
Abdecken eines Auges. Bei beiden Augen dominiert in der Regel ein Auge. Zur Feststellung des dominanten rechten oder linken Auges stellt man die Aufgabe, mit beiden Augen ein Ziel über den Daumen anzuvisieren. Dann schließt man ein Auge. Schaut man nun den Daumen an, hat man das dominante Auge gefunden. Am Beispiel der Aufgabenstellung *Zyklop* lässt sich das dominante und nichtdominante Auge abdecken und nach Konsequenzen fragen.

„Klettern bei Nacht"
Klettern im Dunkeln, bei einsetzender Dunkelheit, Dunkelheit simulieren über Sonnenbrille oder Verdunkelung des Raums.

„Ohne oder mit"
Brillenträger klettern ohne Brille. Sie übergeben ihre Brille dem Nichtbrillenträger, der dann mit Brille klettert (Brillenband verwenden).

„Ohne Sinn"
Klettern mit Gehörschutz, Augenbinde und Nasenklemme.

Aspekte „Herz, Blut und Atmung"

Ähnlich dem Geruch wirken körperliche Wahrnehmungen, wie Puls, Atmung, Schweiß, eine volle Blase, das Fühlen von Blutströmen oder Magen-Darm-Tätigkeiten, in die Kletterleistung hinein. Hoher Puls und eine starke Atmung zeugen von starker Anstrengung. An schlecht gesicherten Stellen kann es vorkommen, dass sich die Aufmerksamkeit auf körperliche Signale richtet, die Angst anzeigen. Das Aufmerken in Richtung *Angst* und *Angstbewältigung* zieht die eigentlich nötige Zuwendung vom Fels weg, was die Leistung drastisch mindert.

- Spürst du beim Klettern Herzschlag und Atmung?
- Welche Gefühle sind damit verbunden?
- Gibt es Möglichkeiten, Puls und Atmung zu beeinflussen?
- Beobachte einmal Rhythmus und Fluss deiner Atmung.
- Wie wirken stockender Atem oder fließender Atem?
- Wann spürt man seine Eingeweide besonders deutlich?

Zusammenfassung

Unser zentrales Nervensystem leistet die Integrationsarbeit aller über Rezeptoren einlaufenden Informationen. Rückmeldungen über aktuelle Spannungszustände der Muskulatur (z.B. dosierter Krafteinsatz im Oberarm), Druckempfindungen der Finger (z.B. die Griffstärke und Druckbelastung der Fingerspitzen) oder bestimmte Gelenkwinkelstellungen (z.B. Stellung von Schulter, Oberarm, Unterarm und Handgelenk) werden mit dem Gleichgewichtssinn und dem Sehsinn so zusammengeschaltet und miteinander verarbeitet, dass eine exakte Kontrolle unseres Körpers gewährleistet ist.

Im Kontext einer absichtsvollen Beobachtung kann jeder einzelne Sinnbeitrag isoliert für sich betrachtet werden. In ihrer Zusammenschau formen sie jedoch höhere Gefühlsbilder, die vom einzelnen Sinn abstrahieren und übergeordnete Bewusstseinsinhalte liefern, denen Führungskompetenz zukommt, z.B. Kraftgefühl, Leichtigkeit, Aktionsgefühl, Harmonie, Kompetenz, Angst, Anstrengung, Müdigkeit, Lustlosigkeit, Bewegungsspaß, Stolz oder Mut.

Die Ausführungen bringen nahe, dass Klettern eine variantenreiche Sportart ist, die von innen heraus gestaltet wird. Ganz gleich, wer klettert – Anfänger oder Könner –, jeder muss lernen, neben den verbalen und visuellen Möglichkeiten, für sich taktile, vestibuläre oder kinästhetische Fähigkeiten und deren emotionale Bewertungen für mehr Spaß am Klettern zu nutzen.

„Zwischen Angst und Langeweile" (Fotos: W. Schädle-Schardt / T. Fickert)

Zum Abschluss des Kapitels sollen zur Abrundung weitere Problembereiche aufgegriffen werden, die im Rahmen des Lernens von sicherungstechnischem Wissen und Können eine bedeutende Rolle einnehmen.

6.9 TRANSFERLEISTUNGEN UND LOGISCHE FEHLER

Beeinflussen Ergebnisse eines Lern- oder Übungsprozesses einen anderen Lern- oder Übungsvorgang, so bezeichnet diese Übertragung einen *Transfer*. Transferleistungen können positiv und negativ ausfallen. Ein positiver Transfer wäre z.B. die Übertragung einer geeigneten Bewegungslösung in eine neue Kletterroute hinein. Daher ist jede On-Sight-Begehung eine prima Transferleistung. Besonders erwähnenswert erscheinen negative Transferleistungen im Bereich der Sicherungstechnik. Einige, immer wiederkehrende Fehlübertragungen möchten wir vorstellen.

Sichern mit Halbmastwurfsicherung (HMS) – Hand unten!

In den allgemeinen Empfehlungen zum Erlernen der Sicherung mit HMS-Knoten wird darauf hingewiesen, dass bei der HMS-Sicherung die Bremshand parallel zur Führungshand zu halten ist, d.h., sie zeigt in Richtung Kletternder. Die HMS hat hier ihre größte Bremskraft. Diese Form wird geübt und geübt.

Wenn nun in einem weiteren Lernschritt (unmittelbar danach oder auch Jahre später) das Sichern mit dem Achter erlernt werden soll, so ist zu beobachten, dass die Bremshand – gleich der HMS-Sicherung – reflexhaft oben behalten wird. Die Konsequenz besteht darin, dass der Achter mit Bremshand oben nun annähernd keine Bremskraft mehr hat. Der zu benennende negative Transfer liegt darin, dass die Bremshand – wie geübt – oben behalten wird, obwohl es zum Sichern mit dem Achter zwingend notwendig ist, die Bremshand nach unten zu führen.

Abhilfe schafft hier der methodische Trick, dass in der Anfängerschulung eine Einführung in das Sichern mit *HMS mit der Bremshand unten* beginnen muss. Die Bremskräfte sind hier ausreichend, gerade im Toprope-Bereich. Bei einem Wechsel der Sicherungstechnik zum Achter ist es nun nur gut, wenn die Bremshand unten bleibt. Allgemein sollte man immer bei einem Wechsel der Sicherungstechniken mit Fehlleistungen rechnen, da eingeübte Mechanismen der alten Sicherungstechnik bei reflexhaftem Handeln (Überraschungseffekt) oder in Stresssituationen ungewollt durchschlagen.

Sichern mit Halbmastwurfsicherung (HMS) beim Nachholen!

Ein weiteres Problem resultiert aus der Übertragung des Sicherungsverhaltens beim Sichern eines Vorsteigenden in das Sichern eines Nachsteigenden. Es ist zu beobachten, dass die beim Sichern eines Vorsteigenden gebotene Haltung der Hände (über Fixpunkt der HMS-Sicherung in Sturzzugrichtung) auch beim Nachholen in der Felswand beibehalten wird. Die übernommene Positionierung der Hände über Fixpunkt und HMS-Sicherung führt dazu, dass beim Abrutschen des Nachsteigers die Hände über den Sturzzug nach unten gerissen werden. Eine Fehlerquelle tut sich auf. Beim Nachholen eines Nachsteigers (Sturzzug wirkt nach unten, nicht Toprope-Situation) erfordert die HMS-Sicherung ein Tiefnehmen der Hände unterhalb des Fixpunktes.

„Repetitio mater studiorum" gilt auch beim Klettern. (Fotos: W. Schädle-Schardt)

Toprope-Klettern nur mit Einbinden!

Ein weiteres Problem liefern Kletterhallen, in denen Toprope-Seile fix und fertig eingerichtet sind. Aus der Not geboren, schraubt man sich mit zwei Schraubkarabinern (Redundanz) in die vorgefertigte Schlinge. Auch der Neueinsteiger bedient sich dieser Serviceleistung, ohne deren Hintergrund (z.B. schnellerer Kundendurchlauf) zu kennen. Begibt er sich vom Toprope in den Vorstieg, so passiert es (à la MURPHY). Auch zum Vorstieg erfolgt kein direktes Einbinden in den Klettergurt, sondern folgerichtig eine Karabinerverbindung. Auch hier wirkt wieder ein – in sich völlig logisch gedachter – negativer Transfer. Dieser lässt sich vermeiden, wenn in Anfängerkursen nur das direkte Einbinden gestattet wird bzw. in Kletterhallen Hinweistafeln zu allgemeinen Sicherungsverfahren aufgehängt werden.

Achterbandmethode falsch interpretiert!

In der nachstehenden Bebilderung zur Verbindung zwischen Hüft- und Brustgurt mittels Achterbandmethode geschieht die Verbindung zum Hüftgurt über den Beinschlaufensteg. Ein alter Hase hatte sich anhand dieser Beschreibung folgerichtig in seinen Hüftgurt ohne Brustgurt zum Vorstieg nur am Beinschlaufensteg eingebunden. Ein fatales Missverständnis. Abhilfe schafft auch hier nur ein stetiges Studium der Literatur.

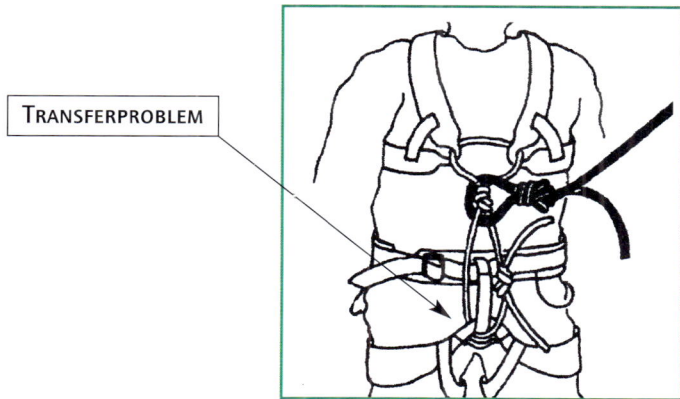

TRANSFERPROBLEM

„Per aspera ad astra" (auf rauhen Wegen zu den Sternen) beschreibt sehr treffend das Wesen des Bergsports. (Foto: N. Petterich)

Wer beim Klettern noch keinen handfesten Sicherungsfehler hinter sich hat, klettert nicht. (Foto: N. Petterich)

6.10 ÜBERLERNEN – SCHULE DEN FLUSS

Keiner Klettergeneration bleibt es erspart. Knoten lernen. Dabei lebt ein gutes Gedächtnis von der Wiederholung und ist nur selten das Ergebnis einer einmaligen Anstrengung. Auffällig ist, dass Knoten schnell vergessen werden, und noch schneller vergessen werden, wurden viele an einem Übungstag erlernt. Ein „Schwül war die Nacht und voller Dampf" wird zum „Schwampf". Die einzelnen Knoten stören sich gegenseitig. Die Störung (*Interferenz*) hinterlässt oft nur dumpfe Ahnungen bzw. führt zu interessanten, aber unbrauchbaren Knotenformen.

Hinweise, wie der mengenmäßige Übungsaufwand das Gedächtnis optimiert, liefert das *Überlernen*. Zum Überlernen zählt jede beliebige Form der Wiederholung. Je umfangreicher Überlernen betrieben wird, desto leichter lässt sich – auch Jahre später – an das einst Erworbene anknüpfen. Überlernen setzt dann ein, wenn im Rahmen eines Lernprozesses ein anvisiertes Ziel erreicht wurde (z.B. erfolgreicher Knoten) und über dieses Können hinaus weiter an der Aufgabe geübt wird.

Benötigt zum Beispiel ein Schüler 20 Übungswiederholungen bis zum ersten selbstständigen und richtigen Achterknoten, dann würden für ihn weitere 20 Wiederholungen 100% Überlernen oder 40 Wiederholungen 200% Überlernen bedeuten. Überlernen unterstützt unser Gedächtnis. Aufgaben und Aufgabenreihen, in denen Störeinflüsse (Interferenzen) wirken, profitieren vom umfangreichen Überlernen, sind also gut für das Knotenlernen. Gute Behaltensleistungen erreicht man schon mit 200% Überlernen. Da häufig geübte Aufgaben nicht vergessen werden, schnell auszuführen sind, flüssig wirken, weder Zögern, Unterbrechungen noch Stockungen zeigen, ohne besonderes Warm-up und (fast) ohne Fehler im passenden Rhythmus präzise ausgeführt werden, erscheint die Beachtung des Ausführungsflusses unter dem Aspekt der Behaltenssicherung bedeutsam.

Gerade beim Knotenlernen und allen sicherungstechnischen Aufgaben ist es daher wichtig, nach dem Erlernen beim Üben auf eine hohe Flüssigkeit bei hoher Ausführungsgeschwindigkeit zu achten, womit sich sowohl das Gedächtnis als auch der Einsatz unter Zeitdruck schulen lassen. Lerninhalte (z.B. Knoten) werden dann langfristig behalten, wenn solange geübt wird, bis es möglich ist, den Lerninhalt (z.B. Knoten) vor dem geistigen Auge klar und fehlerfrei zu knüpfen.

Methodisch akzentuiertes Überlernen

Individuelle Vorlieben beim Üben von Knoten oder Kletterbewegungen setzen Übungsschwerpunkte. Das bleibt für Behaltensleistungen nicht ohne Konsequenzen. Werden im Lernprozess Inhalte der Reihenfolge nach oder aus anderen Gründen (besonders leicht, bereitet viele Erfolge) unterschiedlich oft geübt, leistet dieser Umstand eine unterschiedliche Verarbeitungstiefe und bewirkt damit unterschiedlich starkes Vergessen.

Augenscheinlich gilt dies für das Ausbouldern schwieriger und langer Kletterrouten. In der Regel überlernt man ausgiebig die ersten Klettermeter, da man zumeist immer wieder am Einstieg beginnt. Es ist aber sinnvoll, gemäß der Bedeutsamkeit der Einzelprobleme, Überlernen methodisch zu akzentuieren, also z.B. länger in der Mitte zu verweilen bzw. allen Teilen der Aufgabe eine ähnliche Wiederholungszahl zukommen zu lassen.

6.11 MENTALES ÜBEN - ANWENDUNG UND FUNKTION

Eine weitere Möglichkeit, um Sicherungstechniken, Klettertechniken und Kletter-taktik zu optimieren, versteckte Ausführungsfehler offen zu legen, Bewegungsvor-stellungen noch feiner auszudifferenzieren oder zu umfangreiche und komplexe Informationen über das zeitliche Nacheinander und Nebeneinander von Teilbewe-gungen zu reduzieren, bietet das *mentale Training* oder *Üben*. Unter mentalen Prozessen können wir alles das zusammenfassen, was an Denken, Vorstellen oder Überlegen in unseren Köpfen vor sich geht.

Unter mentalem Training versteht man das systematische Erlernen/Verbes-sern eines Bewegungsablaufs durch Beobachten, Sichvorstellen, Darüber-sprechen oder Nachdenken, ohne dass die Bewegung sichtbar vollzogen wird.

Die Anwendung mentalen Trainings eignet sich mehr für den Fortgeschrittenen. Es bedarf zur Durchführung des mentalen Trainings bereits der recht klaren Vorstel-lung der Kletterbewegungen, die zur Bewältigung einer Aufgabe eingesetzt wer-den sollen. Denn das gedankliche Üben diffuser Bewegungsbilder würde nur zur Ausbildung und Festigung zeitlich und räumlich unangemessener Klettertechni-ken und Bewegungsabfolgen beitragen.

Der Merksatz: *„Wenn wir nicht wissen, wohin wir wollen, dürfen wir uns nicht wun-dern, wenn wir ganz woanders ankommen"*, soll darauf aufmerksam machen, dass die Güte unserer Bewegungsvorstellungen natürlich einen erheblichen Einfluss auf die reale Ausführung einzelner Bewegungen hat. Zudem sind fehlerhaft gedachte und eingeübte Bewegungen bei ausreichend oft wiederholter Ausführung später nur schwerlich zu korrigieren.

Die Grundlage des mentalen Trainings bildet der CARPENTER-Effekt. Man ver-steht darunter, dass die Vorstellung einer Bewegung die Tendenz hervorruft, diese auch auszuführen. Der fundamentale Unterschied zur realen Bewegung besteht darin, dass die Muskelkontraktionen (Innervationen) der an der Bewegung be-teiligten Muskeln nur unterschwellig ablaufen und es somit zu keiner sichtbaren Muskelarbeit kommen kann.

Begleitet wird die gedankliche Vorstellung von spürbaren physiologischen Veränderungen (z.B. Atemfrequenz und Blutdruck steigen). Diese Beobachtungen können wir an uns selbst verfolgen. Ein Zuschauen beim Klettern regt uns unwillkürlich zur Mitbewegung an. Manchmal führt dieses innere Durchspielen auch zum heftigen Zucken von Armen oder Beinen. Drei Grundformen des inneren Übens wollen wir betrachten:

1. Beobachten

Das Üben durch Beobachten und Zuschauen. Das so genannte *observative Trainieren* besteht in der gezielten Beobachtung von Personen, welche die zu lernende oder zu übende Fertigkeit gerade ausführen.

2. Vorstellen

Das rein gedankliche Üben erhofft sich Verbesserungen durch planmäßiges Sichvorstellen des Ablaufs der zu lernenden Fertigkeit.

3. Sprechen

Das verbale Üben bedient sich der sprachlichen Auseinandersetzung mit der Bewegung (inneres Sprechen, die Bewegung in Worte fassen).

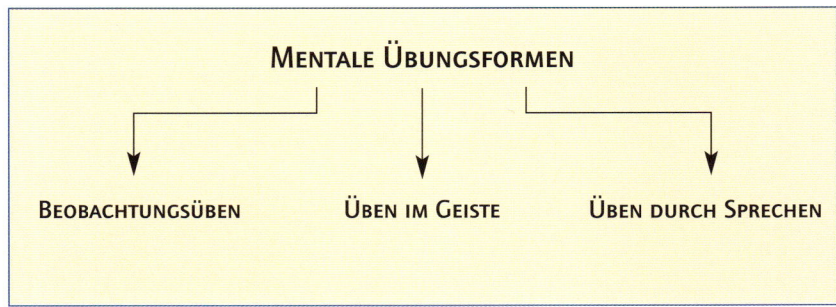

Ein optimales Klettertraining erfordert die Durchführung einer kombinierten Form aus mentalem Training und praktischem Üben. Es empfiehlt sich, beides unmittelbar aufeinander folgen zu lassen. Hierdurch kann sichergestellt werden, dass unsere gedanklich gewonnenen Einsichten nicht bereits vergessen sind, wenn wir versuchen, sie in die Tat umzusetzen. Da intensive und hochkonzentrierte Kopfarbeit eine zentrale Ermüdung im Gehirn verursacht, müssen wir darauf achten, unser mentales Training mit ausreichenden Pausen zu durchsetzen. Wie könnte nun ein mentales Training aussehen und zur praktischen Umsetzung gelangen?

Die sprachliche Auseinandersetzung mit ausgeklügelten Bewegungsabfolgen bringt uns dem Ziel fließender und nicht stockender Kletterbewegungen einen Schritt näher. (Foto: N. Petterich)

Nehmen wir an, wir wollen ein Kletterproblem aus einigen Einzelzügen lösen. Die ersten Anläufe zeigen uns, dass wir zwar isoliert Züge bewältigen, aber die Verbindung der Bewegungen nicht schaffen. Zunächst können wir versuchen, Ordnung in die Abfolge der Teillösungen zu bringen. Als Stütze hilft ein Blatt Papier und ein Bleistift.

Die schriftliche Auflistung der Bewegungsabfolgen und der dabei auftretenden Empfindungen zwingen zur klaren und widerspruchsfreien Formulierung. Kein Schritt wird dem Zufall überlassen. Unseren Spickzettel lernen wir auswendig, wodurch auch nichts vergessen werden kann. Kraftraubende Sportkletterrouten leben vom schnellen und zügigen Durchstieg, da zeitraubende Überlegungen einen ersten Schritt in Richtung Sturz darstellen. Bekanntermaßen erlauben es uns unsere Energiereserven ja nicht, unbeschwert und ohne Ende, geduldig alle sich anbietenden Lösungen auszuprobieren.

Zug um Zug muss vorab in einer Art Marschroute bekannt und fehlerfrei abrufbar sein. Unser späterer Erfolg hängt entscheidend von der Güte unserer Bewegungs-vorstellungen ab. Für unser Vorgehen heißt das, dass wir besondere Konzentration auf den Aufbau der Bewegungsvorstellung zu legen haben. Wir müssen uns mit aller Sorgfalt die Richtigkeit unserer Vorstellungen erarbeiten. Erfüllen wir diese Forderung nicht, kann dies dazu führen, dass wir gedanklich etwas ganz anderes üben werden. Wurde die Bewegungsvorstellung so weit verbessert, dass wir das Nacheinander und Nebeneinander der Bewegungsfolgen gedanklich aufgearbei-tet haben, so können wir nun daran gehen, dieses Kunstwerk innerer Klettervor-stellung in wärmender Sonne innerlich zu durchleben. Wir suchen uns ein gemütli-ches Plätzchen, schließen die Augen und atmen ein paar Mal tief durch. Zur Einstimmung auf unser gedankliches Üben versuchen wir, uns möglichst genau den Ort des Geschehens, die herrschende Temperatur, die Lichtverhältnisse, Düfte, den Sitz des Gurtes und der Schuhe und anderes mehr vorzustellen.

Dieses mentale Warm-up hilft der Konzentration und bringt Schärfe in unsere bild-hafte Vorstellungen. Wir stellen uns anschließend vor, wie wir selbst Zug für Zug ausführen. Exakte und realistische Zielvorstellungen leiten unser Denken. Es bleibt uns überlassen, gedanklich vor- oder zurückzusteigen, die Ausführungsgeschwin-digkeit anzuheben oder zu verlangsamen. Je besser die gedankliche Ausführung gelingt, desto mehr nähern wir uns der Originalgeschwindigkeit.

Für den späteren Vergleich unserer Vorstellungen mit der realen Kletterbewegung bedarf es der Vergegenwärtigung uns innerlich begleitender Bewegungsrhythmen Wechsel von Anspannung und Entspannung), erlebter Muskelgefühle, Krafteinsätze, Druckimpressionen und Knotenpunkte (Schlüsselstellen) der Bewegung. Alle Sinne werden einbezogen. Dieser Vorgang kann etwa 2-10 Minuten lang dauern, wobei wir uns die Bewegungsausführung etwa 3-5 mal vergegenwärtigen.

Die Vorstellungsdauer ist natürlich von der Länge und Komplexität der gedachten Bewegungen abhängig und darf damit den vorgeschlagenen Zeitrahmen oder die Anzahl der Wiederholungen durchaus unter- oder überschreiten. Die Pause zwischen einzelnen Wiederholungen wird von unserer Konzentrationsfähigkeit bestimmt. Pausen sollten dann gesetzt werden, wenn die Schärfe unserer Vorstellungen nachlässt.

Hierzu öffnen wir zur Erholung die Augen und wenden uns anderen Dingen zu, was kurzzeitig ablenkt und Entspannung bringt. Zwischen den Probeläufen empfiehlt es sich, Pausen von 30 Sekunden bis zu einigen Minuten zu setzen, um frisch zu bleiben. Danach schließen wir wieder die Augen, atmen tief durch und setzen das Üben fort.

Es lässt sich erfolgreicher arbeiten, wenn wir mental verteilt üben. Es ist effektiver, an sechs Tagen in der Woche täglich z.B. fünf Minuten zu üben, als einmal in der Woche 30 Minuten lang. Nun muss die verbesserte und vielleicht auch schon gefestigte Bewegungsvorstellung am Fels umgesetzt werden. Dort stoßen wir auf Ausführungsfehler, deren Korrekturen wiederum unser Bewegungsgebäude verfeinern helfen. Im Anschluss an die reale Ausführung sollten wir nach einer kurzen Pause (um uns zu beruhigen) im Sinne einer mentalen Nachbereitung unsere gedanklichen Aufzeichnungen noch einmal vor unserem geistigen Auge vorüberziehen lassen.

„Welche Gefühle habe ich empfunden?" „Wie flüssig waren die Bewegungen?" „Musste ich lange überlegen?" „Bin ich bewusst unkontrollierbare Situationen eingegangen?" „An was kann ich mich nur schwerlich erinnern und an was besonders lebhaft?" „Wie bewegte sich mein Körper?" „Wie war die Kontrolle?" Welche Fehler wurden gemacht?"

Überlegungen, was anders hätte laufen sollen, führen uns in eine neue mentale Vorbereitung. Ein Kreislauf kommt in Gang, der so lange abläuft, bis der erfolgreiche gedankliche und wirkliche Durchstieg gelingt. Je nach Schwierigkeit des

Problems kann dieses Bemühen einige Minuten dauern oder auch mehrere Wochen beanspruchen. Die Vorteile mentalen Trainings liegen in seiner überall und vom Ort unabhängigen Durchführbarkeit. Verletzungsgefahr und physische Ermüdung sind ausgeschlossen. Fehlender Ernstcharakter mindert Angst und Erfolgserlebnisse können garantiert werden.

Mentales und praktisches Üben ergänzen einander. (Foto: J. Lienhöft)

7 ANGST – MANCHMAL SCHON

7.1 EINFÜHRUNG

Jeder spürt am eigenen Leibe oft genug und mehr als ihm lieb ist, dass nicht selten emotionale Regungen das Zünglein an der Waage sind und darüber entscheiden, ob und wie gut uns etwas von der Hand geht. Weite Hakenabstände, ungenügender Trainingszustand, verbesserungsbedürftige Bewegungstechniken oder schlechte Erfahrungen können Bedenken wecken und Ängste schüren. Gefühle begleiten uns und liefern die Atmosphäre, in denen unsere Bewegungen stattfinden. Unter den vielfältigen und von uns sehr differenziert erlebten Emotionen wie Freude, Liebe, Überraschung, Kummer, Trauer, Ärger, Ekel, Scham, Verachtung, Hoffnung, Enttäuschung, Lust und Schuld spielt in den Abenteuersportarten die Angst manchmal eine Hauptrolle.

Gefühle wirken als Antriebskomponenten, worauf schon die Herkunft des Begriffs *Emotion* (e = aus, heraus; movere = bewegen) hinweist. Die gefühlsmäßige Stellungnahme soll sicherstellen, dass wir lebenswichtige Ziele anvisieren (Hinwendung, Annäherung) und bedrohliche Situationen vermeiden (Abkehr, Flucht). Im Gefühl spiegelt sich positiv oder negativ Empfundenes wider, wodurch zum Ausdruck kommt, wie wir als Wahrnehmende selbst vom Wahrgenommenen berührt werden. Sie äußern sich auf der Verhaltensebene (z.B. ein starrer Blick, ein bleiches Gesicht, die Lähmung der Bewegung, steife Arme, Zögern, Zittern der Hände, Verkrampfung oder Störung der Koordination, häufige Versprecher, Stolpern in der Stimme), auf der verbal-subjektiven Ebene (z.B. über die Beurteilung einer Situation: „Ich bin verletzt", „Ich fühle mich erschöpft". „Ich fühle mich nicht fit.") und über physiologische Begleiterscheinungen (z.B. Herzklopfen, Atemnot, Schweißausbruch, Aktivierung der Blasen- und Darmtätigkeit) und lassen sich am besten nur durch sich selbst hinreichend kennzeichnen.

Um zu erklären, wie Gefühle entstehen, kommen wir der Sachlage am nächsten, wenn wir Gefühle in einer konkreten Situation begreifen als das Resultat einer komplexen Wechselwirkung zwischen der Wahrnehmung körpereigener Reaktionen (das

Herz schlägt bis zum Hals, mulmiges Gefühl in der Magengegend, Gänsehaut, Schweißabsonderung), als Ergebnis komplexer Beurteilungsprozesse (Gefahr für Leib und Leben) und der durch Wahrnehmungsvorgänge bedingten Aktivierung (Verkrampfung, Zittern).

In den folgenden Ausführungen wollen wir uns mit der Entstehung, Kontrolle und Regulation der Angst beschäftigen und werden der Frage nachgehen, warum Angst unsere Leistung mindert und was wir an erfolgreichen Strategien der Angst entgegenstellen könnten.

Angst bei Kindern – ein eher seltenes Ereignis (Foto: W. Schädle-Schardt)

Wir wollen unter *Angst / Furcht* die Folge einer Erlebnisverarbeitung verstehen, die als Reaktion auf das Wahrnehmen, Beurteilen und Bewusstwerden von Gefahren oder dem Erleben neuer, undurchsichtiger Ereignisse entsteht und die zu einer situations- und gegenstandsbezogenen Erregungssteigerung führt.

Angst kann sich z.B. dann einstellen, wenn wir uns unfähig fühlen, die an uns herangetragenen Probleme durch angemessene Handlungen zu lösen. Nicht immer ist ein

Anzeichen objektiver Gefahr notwendig, um in uns Angst hervorzurufen. Vorstellungen, Erinnerungen oder Fantasien ergänzen die Palette potenzieller Angstauslöser.

„Wie gefährlich ist das zu erwartende Ereignis (Art der Bedrohung)?" „Was bedeutet die Situation für meine Sicherheit?" „Wie wahrscheinlich wird die Bedrohung eintreten?" „Wann wird sie auftreten?" „Inwieweit bin ich in der Lage, damit fertig zu werden?" Fragen, die uns im Rahmen einer Situationsbewertung durch den Kopf gehen und deren Beantwortung innere Unruhe, Nervosität oder sogar Angst nach sich ziehen kann.

Dabei spielt unsere Bereitschaft und innere Haltung, mehr oder weniger mit Angst zu reagieren, eine große Rolle. Denn die Beobachtung unserer Mitmenschen lehrt uns, dass der eine ängstlich, der andere weniger ängstlich oder ein Dritter gar ohne Angst auf die gleiche Sachlage reagiert. Wir erleben Angst als Gefühlszustand, der uns als Signal vor einer künftigen Gefahr oder schädigenden Ereignissen warnt: Beim Erreichen eines Überhangs finden wir einen rostigen Haken vor. Dieser erinnert uns mehr an vergangene alpine Glanzleistungen als an das Ergebnis neuester Sicherungstechnik. Aus der Erfahrung wissen wir, dass eine genaue Beurteilung von außen kein ausreichendes Urteil über die Stabilität der Sicherung zulässt.

Das Erkennen der potenziellen Gefahr, im Falle eines Sturzes nicht gehalten zu werden, kann eine Erhöhung unseres Erregungszustands auslösen. Sich dabei einstellende autonome, d.h. sich weitgehend der bewussten Kontrolle entziehende, Körperreaktionen, wie etwa Schwitzen und Pulsbeschleunigung, werden als unangenehm, ungewohnt oder krisenhaft gedeutet. Mehr oder weniger stellen wir eine Beziehung her zwischen der bestehenden Situation und den erlebten Hinweisen auf die physische Gefahr oder Bedrohung.

Dieser Vorgang darf nicht streng *mechanisch* (wenn ..., dann ...) aufgefasst werden, sondern muss in Verbindung mit unserem Leistungsvermögen gesehen werden. Ein rostiger Haken an sich kann ja noch nicht Angst auslösen. Befinden wir uns aber an der Leistungsgrenze, so führt die Beurteilung der Sicherungskette als *optimal* oder als *dünn* zu sehr unterschiedlichen Gefühlsqualitäten und Leistungen.

Angst ist nicht nur ein unverzichtbares Übel, sondern auch ein natürliches Regulativ, dass das Erkennen und Beurteilen lebensbedrohender Gefahren ermöglicht.

Angst erfüllt eine schützende Funktion, die uns daran hindert, blindlings und ohne angemessene Vorbereitung in nicht beurteilte oder gefährliche Situationen hineinzugeraten. Der Organismus verschafft sich Zeit, um festzustellen, ob die vorliegenden Umgebungsbedingungen eine Veränderung seines Verhaltens erforderlich machen.

Angst fördert zudem den Ansporn, (z.B. durch verbessertes Training) künftig einer ähnlichen Situation weniger hilflos und unangenehm berührt gegenüberzustehen. Angst darf nicht nur als Beanspruchungszustand verstanden werden, der Versagen ankündigt, uns verunsichert, Risiko signalisiert oder unseren Verhaltensspielraum einschränkt, sondern muss als unabdingbarer Bestandteil beim Zustandekommen einer körperlichen (psychophysischen) Mobilisation betrachtet werden, die ungeahnte Kräfte freisetzt. Es gilt also, Angst nicht völlig zu vermeiden, sondern auf ein erträgliches Maß zu reduzieren, um die positiven Wirkungen aufrechtzuerhalten.

Angst mobilisierte schon immer. (Fotos: W. Schädle-Schardt/H. Löffler)

7.2 ANGST UND KLETTERLEISTUNG

Zwischen Emotionen im Allgemeinen und Angst im Besonderen und der Qualität unserer Wahrnehmungsleistungen bestehen enge Beziehungen. Stark erlebte Gefühle lassen beispielsweise Zeiträume kürzer oder länger erscheinen. Positiv getönte Emotionen (Freude) bewirken in der Regel ein Unterschätzen von Zeitintervallen. Die Zeit vergeht schneller. Be negativ erlebten Gefühlen erfolgt aufgrund einer subjektiv gebremsten inneren Uhr die Überschätzung eines Zeitintervalls. Die Zeit verstreicht langsamer.

Weiterhin geschieht die Einordnung von Größenverhältnissen unangemessen und kann zu gravierenden Fehleinschätzungen und Fehlurteilen führen. Der orientierende Blick in die Tiefe kurz vor dem Sturz wirkt selbst bei geringer Fallhöhe viel respektabler als es der Sichernde selbst wahrnimmt. Vom Gewitter überrascht, erscheint der Abstieg oder der Weg zur Hütte um Einiges länger.

Gefühlslagen zeigen einen erheblichen Einfluss auf die Fähigkeit, Informationen aufzunehmen, zu verarbeiten und zu behalten. So kann es vorkommen, dass ängstliche Menschen in Leistungssituationen zu überhöhter Sensibilität gegenüber körpereigenen Erregungszuständen neigen und zur Besorgnis darüber, ob ein erfolgreiches Abschneiden möglich erscheint oder ein Misserfolg eintreten wird. Das innere Sprechen mit sich selbst und eine gesteigerte Eigenwahrnehmung bindet dabei ein hohes Maß an Aufmerksamke t. Dem eigentlich anstehenden Problem bleibt daher nur eine geringere Bearbeitungskapazität.

Das Lernen von Kletterbewegungen oder das Einstudieren von Bewegungskombinationen fordert unsere volle Zuwendung und lässt keine Kompromisse in der Aufmerksamkeitshaltung zu. Ablenkende Gedanken engen Entscheidungen ein. Das Planen und Durchspielen verschiedener Alternativen tritt mit Bewusstseinsinhalten der Besorgnis oder der Angst in Konkurrenz. Eine nicht zufrieden stellende Aufbereitung des eigenen Wissens und Könnens ist die Folge. Daher ist es insbesondere für Anfänger wichtig, in einer relativ angstfreien Lernatmosphäre zu lernen und zu üben. Dazu gehört, dass neben dem Klettern angstbesetzte Aufgaben wie Abseilen, Umsteigen, Klettern weit über Hakenhöhe und Stürzen systematisch gelernt werden, womit sie ihre Schrecken verlieren. Erleben wir Angst, so verlieren wir erheblich an Kreativität. Nicht mehr die Situationsbewältigung steht im Vordergrund, sondern die schnellstmögliche Reduktion des Angstzustands leitet unser Handeln. In Momenten, in denen gerade kreatives Zutun und eine differenzierte Analyse der Situation notwendig wäre, zeigen wir uneffektive und nicht angemessene Verhaltensweisen. Die Erwartung lebensbedrohender Gefahren, von Verletzungen mit unabsehbaren Folgen engt unser Denken und unseren Handlungsspielraum ein. Hier trifft das Sprichwort zu, dass Angst ein schlechter Ratgeber ist. Dieser Vorgang kann dazu führen, dass selbst zur Gewohnheit gewordene Verhaltensweisen blockiert werden.

7.3 ANGST UND GEDÄCHTNIS

Beim Einprägen von Gedächtnisinhalten merken wir uns nicht nur die nackten Tatsachen, sondern auch die erlebten emotionalen Stimmungen. Diesen Vorgang nennt man *emotionale Markierung*. Emotionale Zustände können mit gleichzeitig erlebten Wahrnehmungsinhalten in unserem Gedächtnis assoziativ (= hinzugesellend) verknüpft werden.

Sachverhalte und Ereignisse werden also zusammen mit ihrem Kontext, in dem sie auftraten, eingeprägt. So unterstützt das aktuell erlebte Gefühl der Freude die Erinnerung an eine frühere freudvolle Situation. Zum anderen kann ein mit Angst belegter Augenblick zur Erinnerung an ehemals bedrohlich erlebte Ereignisse führen. Gedächtnisinhalte, die mit sehr hoher emotionaler Anteilnahme aufgenommen wurden, behalten wir besonders gut. Der Grund liegt in der hohen Aktivierung, die einen fördernden Einfluss auf die Festigung (Konsolidierung) des Gelernten und Erlebten in unserem Gedächtnis nimmt.

Die Erfahrung fehlender Technik zum Klettern nach außen abdrängender Risse mit der Folge häufiger Stürze hält uns bereits beim Anblick einer Rissspur mehr zur Einkehr ins nächste Gasthaus an. Geben wir dann unserem Vermeidungsverhalten nach, vermindern wir zunächst unsere Erregung (Angst), wir verstärken aber unser *Entfernen*. Das kann dazu führen, dass wir immer seltener einen Riss klettern. In Zukunft werden uns solche Situationen bange Erwartungen bescheren. Ähnliche Begegnungen werden in uns Warnsignale und Vermeidungssalven auslösen, selbst wenn objektive Gründe der Gefahr gar nicht mehr vorhanden sind.

Die Erfahrung lehrt uns, an sich neutrale Umgebungsbedingungen so fest mit dem Erleben der Gefahr zu verbinden, dass diese oder ähnliche Momente oder allein schon die Erinnerung daran ausreichen, um Angst auszulösen. Wir generalisieren Angst. Um daher z.B. Sturzerlebnisse nicht negativ getönt in unserem Gedächtnis zu verankern, sollten wir nach einem Sturz, sofern es die Umstände zulassen, sogleich wieder klettern, damit eine negative emotionale Markierung unterbunden werden kann.

Ähnlich verhält es sich, wenn wir aus einer Kletterroute kommen, die besonders angstbetont erlebt wurde. Hier empfiehlt es sich, solange zu warten, bis die erhöhte Erregungslage abgeklungen ist. Sonst wird die noch anhaltende und nachschwingende Angst ohne ersichtlichen Grund auf die nachfolgende Kletterroute übertragen, was uns zum Meiden anhält bzw. die folgende Kletterleistung beeinträchtigt. Selbst die Übertragung, das Mithineinnehmen einer Erregungslage aus einer Situation in eine andere, die an sich neutral ist, führt über eine Art vorgetäuschte Rückmeldung erhöhter Aktivität zu Unwohlsein und Fluchttendenzen.

7.4 ANGST DURCH ÜBERFORDERUNG

Wir entschlüsseln Gefahrenhinweise über die gedankliche Bearbeitung unserer Wahrnehmungen. Denken, Planen und Handeln geschehen vor dem Hintergrund von Einschätzungen, Vorstellungen, Ahnungen und körpereigener Zustände. Wir vergleichen die Anforderungen der Situation mit unseren körperlichen und geistigen Fähigkeiten.

Im Fluss dieses ständigen Wechsels von Aufgabenstellung und Lösung streben wir einen inneren Gleichgewichtszustand an, innere Harmonie. Anforderungen und Anpassungsvermögen entsprechen einander. Überschreiten die gestellten Aufgaben und Probleme unsere Kompetenz, erleben wir die Störung dieser Balance zwischen Problem und Handlungsfähigkeit. Überforderungsgefühle entstehen. Unsere (physische und/oder psychische) Belastungsgrenze scheint überschritten.

Angst als Folge einer erlebten Überforderung

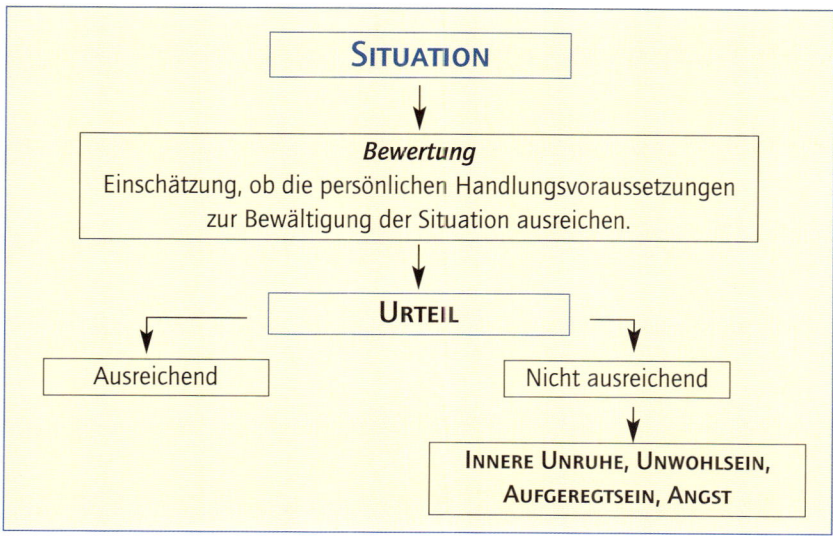

Nebel vermindert die Orientierung und erzeugt innere Unruhe. (Foto: W. Petschke)

Es bereitet uns nun Schwierigkeiten, ein Gleichgewicht zwischen Anforderung und Anpassung herzustellen. Mögliche Konsequenzen in Form von körperlicher Schädigung, Verlust an Kontrolle und Undurchsichtigkeit der Situation werden als bedrohlich wahrgenommen. Unser Denken leitet Schutzmaßnahmen ein. Innere Unruhe, Hektik, Unwohlsein veranlassen uns, einen brauchbaren Rückzug einzuleiten, um in einen gewohnten Gleichgewichtszustand zu gelangen. Angst als Folge einer erlebten Überlastungserscheinung kommt dadurch zustande, dass ein Vergleich zwischen objektiver Aufgabenstellung und den eigenen subjektiven Leistungsvoraussetzungen als ungenügend und gefährlich bewertet wird.

Der hohe Aufforderungscharakter des Kletterns und schnelle Fortschritte im Klettergarten verführen dazu, in Routen einzusteigen, die hinsichtlich ihres Anforderungsprofils unterschätzt werden, zumal die ersten Meter sehr einladend und überhaupt nicht unüberwindbar scheinen. Es bleibt natürlich nicht aus, dass Schwierigkeiten warten, die uns konditionell (z.B. Maximalkraft, Kraftausdauer) und mental (z.B. Entscheidungsvermögen) überfordern.

An sich ist der Weg der Störung unseres inneren Gleichgewichts sicher der erfolgreiche Weg, um an Aufgaben und Problemen zu wachsen. Die Kunst liegt aber nun darin, abzuschätzen und vorher innerlich auszuloten, was wir an Grenzsituationen verkraften können und was nicht. Überschätzen wir dabei – gewollt oder ungewollt – die eigene Kompetenz, könnten wir uns in einem Kreislauf wieder finden, der einprägsam im Gedächtnis haften bleiben wird.

Wir erleben diesen Sachverhalt am Beispiel junger Sportkletterer, die nach einigen erfolgreichen Toprope-Versuchen im 7. Grad das Ganze mal von unten angehen wollen. Sie erleben dabei, dass 5 oder 6 Meter ohne Zwischensicherung im 5. Grad eine Situation darstellen, der sie noch nicht gewachsen sind. An einer solchen Stelle angekommen, führt das bedrohliche Erleben der Hakenabstände, der ungewohnt weite Run-out, aufkommender Entscheidungsnotstand oder die Vorstellung möglicher Sturz- und Verletzungsgefahr zu einer Zunahme der Aktivierung. Erste Störungen des Bewegungsentwurfs und des Bewegungsablaufs zeigen sich in Form von unharmonischen, ungeeigneten und unsicher ausgeführten Bewegungen.

Aufkommende Unruhe lässt alte, uneffektive Bewegungsmuster durchschlagen (z.B. Überstreckungsposition). Die unökonomische Anspannung der Muskulatur (z.B. übermäßige Verlagerung des Krafteinsatzes auf die Hände) führt zur Minderversorgung der Unterarmmuskulatur mit der Folge einer zunehmend schneller einsetzenden Ermüdung. Im Kopf formt sich die Vorstellung des Scheiterns. Das Schwinden der Erfolgsaussichten führt zu einer weiteren Steigerung der Aktivierung. Sich einstellende Verkrampfung und Denkblockaden runden das Erleben ab.

Die entstehende Hemmung erlaubt keine Veränderung der Körperposition. Etwa wird die Notwendigkeit, das Gewicht zu verlagern, den Griff zu wechseln oder den Fuß richtig zu setzen, nicht mehr bewusst erkannt, damit der Ausweg oft unmöglich. Die Rückmeldung zunehmenden Kontrollverlusts trägt weiter zum Erregungsanstieg bei. Nun wird der Rückzug, wenn überhaupt möglich, eingeleitet.

Die schmerzlich erlebte Selbstüberschätzung mag künftig zur Vorsicht anhalten. Die Situation *Klettern* wird im Gedächtnis mit dem Gefühl der Angst verknüpft und zum potenziellen Angstauslöser.

Gefahrgerechtes Handeln heißt das Zauberwort. Wir müssen lernen, die von uns wahrgenommene Bedrohung realistisch mit unseren persönlichen Bewältigungsmöglichkeiten zu vergleichen. Dieses Vorgehen lässt sich nicht immer einhalten, denn beim Kletternlernen kommt es zwangsläufig auch darauf an, Grenzen zu überschreiten, auch emotionale. Damit eine Weiterentwicklung stattfinden kann, ist es von Zeit zu Zeit unabdingbar, die eigene Leistungsgrenze auszuloten, da hierauf die Urteilskraft ruht, wo unsere Grenze augenblicklich liegt. Da sich die Leistungsfähigkeit verändert, variieren auch unsere Grenzen, die damit immer wieder neu definiert und überwunden werden müssen.

Die Furcht vor Schmerz und das Abwenden körperlicher Schädigungen gehört zum Reigen angeborener Schutzmechanismen, die als biologisch zweckmäßige Reaktionen auf vorweggenommene Gefahren Abwehr, Schutz und Vermeidungsverhalten folgen lassen. Das Unglückliche daran ist, dass dabei unser Vermeidungsverhalten verstärkt werden kann. Auch wenn objektive Gefahren einmal nicht vorhanden sind. Erfolgt im Anschluss an eine Angstreaktion – also in das Gefühl hinein – ein Rückzug („Nichts wie weg!"), findet zunächst eine Herabsetzung des Angstgefühls statt. Aber, das Nachlassen der unguten Gefühle verstärkt (belohnt) die getätigte Vermeidungsreaktion.

Zukünftig kann dieses Vermeiden auch dann eintreten, noch bevor überhaupt ein Angstgefühl aufkommt, uns aber Ahnungen führen. Das Bedürfnis nach Nichtangst bekräftigt unsere Vermeidung. So, wie ein Vierbeiner nach einem braven Verhalten eine Belohnung bekommt, was ihn künftig dazu anhält, belohnungsverdächtig zu handeln, so belohnen wir über Flucht und Angstminderung unser eigenes Vermeidungsverhalten.

Der Nachteil eines erfolgreich gelernten Vermeidungsverhaltens liegt darin, dass wir mit Flucht auch dann reagieren, selbst wenn die fluchtauslösenden Bedingungen der Situation gar nicht mehr gegeben sind. Wir fühlen uns von irreführenden Gefahrensignalen bedroht. Erfolgreiches Vermeidungsverhalten zeigt sich sehr resistent gegen Vergessen und verhindert somit selbst die Erfahrung seiner Unangemessenheit.

7.5 DIE ZWICKMÜHLE AUS ANNÄHERUNG UND VERMEIDUNG

Gerade der Anfänger erlebt beim ersten Sprung ins Ungewisse, dessen Neuartigkeit er nicht überblicken kann, die verschiedensten Gefühls- und Erregungszustände. Nicht selten gerät er in die Zwickmühle, sich einerseits mit Begeisterung der Sache nähern zu wollen, aber andererseits fordern Bedenken und Furcht zum Meiden auf. Zwischen beiden Seelenkräften der Anziehung und Vermeidung hin- und hergerissen, gerät er in einen Konflikt.

Konflikte entstehen, wenn wir uns zwischen gleich starken, sich jedoch ausschließenden Verhaltensweisen wiederfinden.

Man nimmt an, dass in einer Situation, in der mehrere und sich gegenseitig ausschließende Verhaltensweisen bestehen, die Möglichkeit, adäquat zu handeln und zielgerichtet einzugreifen, weitgehend ausgeschlossen scheint. Diese Handlungsblockierung führt zu einem Anstieg der Erregung und damit möglicherweise zum Angsterleben. Ein bedeutsamer Konflikt im Rahmen des Kletterns ist der Annäherungs-Vermeidungs-Konflikt. Hierbei wird die Annäherung an ein Objekt oder eine Situation zugleich angestrebt und gefürchtet. Angst kann nun dadurch entstehen, wenn die Vermeidung aufgrund einer gleich starken Annäherung blockiert wird und z.B. nicht mit Flucht reagiert werden kann.

Angst – darüber gesprochen wird eher selten. (Foto: M. Fickert)

Ein Beispiel: Wir nähern uns einer Kletterwand. Noch sind wir gut gelaunt und bester Dinge. Unsere Annäherungskraft ist noch größer als die innere Stimme, die uns einflüstert: „Dreh doch um." Mit zunehmender Nähe der schlecht gesicherten Spielwiese steigt die Entschlusskraft zur Umkehr. Die Tatkraft unseres Gefährten verbietet uns, aus Gründen sozialbezogener Furcht, Bedenken anzumelden oder Ängste zu äußern. Wenn beide Tendenzen der Annäherung und Vermeidung etwa gleich stark ausgeprägt sind, können wir eine erhöhte Erregungslage oder auch Angst verspüren.

Nicht immer führt dann ein starkes Vermeidungsverhalten zur Umkehr oder zur Annäherung an eine konfliktfreie Route. In der Regel geben wir innerlich nach und steigen mit ein. Mögliches Ungeschick und rege Fluchttendenzen bereiten uns dann sicherlich keine Kletterfreuden. Die wohltuende Begleiterscheinung der Angstminderung, die sich nach Kletterende einstellen kann, verstärkt unser Vermeidungsverhalten. Künftig werden wir unter ähnlich gelagerten Umständen aus dem Felde gehen („Du, ich bin heut gar nicht gut drauf."), noch bevor ein Konflikt auftritt. Einmal erfolgreich in die Tiefen unseres Gemüts eingesenkte Bedenken und Ängste lassen sich nur schwerlich entfernen.

Schematische Darstellung der Konfliktsituation

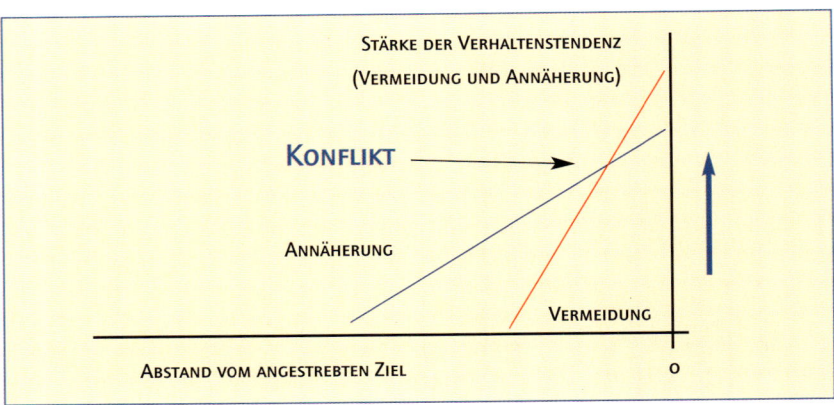

Andererseits ist das Überschreiten persönlicher Grenzen oft mit einem Hin- und Hergerissensein verbunden. Hierbei darf natürlich nur bedingt nachgegeben werden (Gratwanderung), sonst lassen sich Grenzen kaum verändern.

7.6 METHODEN, UM ÄNGSTE ABZUBAUEN

Gehen wir davon aus, dass wir uns beim Klettern in drei Zonen bewegen: einer *Sicherheitszone*, einer *Gefahrenzone* und einer *Traumazone*.

Die Sicherheitszone ist z.B. der sichere Boden, der Einstieg. Hier kann eigentlich nichts passieren. In der Gefahrenzone ist ein Aufenthalt unter Einsatz bestimmter Sicherungstechniken möglich. Dagegen symbolisiert die Traumazone gänzlichen Kontrollverlust, der körperlichen Schaden mit sich bringen kann.

Sucht man in Risikosportarten nach dem Kick, dann erfolgt dieser in der Gefahrenzone, aber noch innerhalb eines schützenden Rahmens. Der schützende Rahmen beruht z.B. auf der eigenen Zuversicht, der potenziellen Hilfe anderer oder technischer (z.B. Seil, Sicherungsmittel usw.), taktischer und konditioneller Fähigkeiten. Beim Klettern bewegt man sich nun mehr oder weniger in der Gefahrenzone bis nahe der Traumazone. Mit entsprechendem Training, einer guten Ausrüstung und erfahrener Begleitung lässt sich ein Sicherheitsrahmen in die Gefahrenzone hineinziehen, in dessen Schutz Aufgaben erledigt werden können und Angst noch als positive Anspannung vorherrscht.

Sicherheit – Gefahr – Trauma (nach APTER 1994)

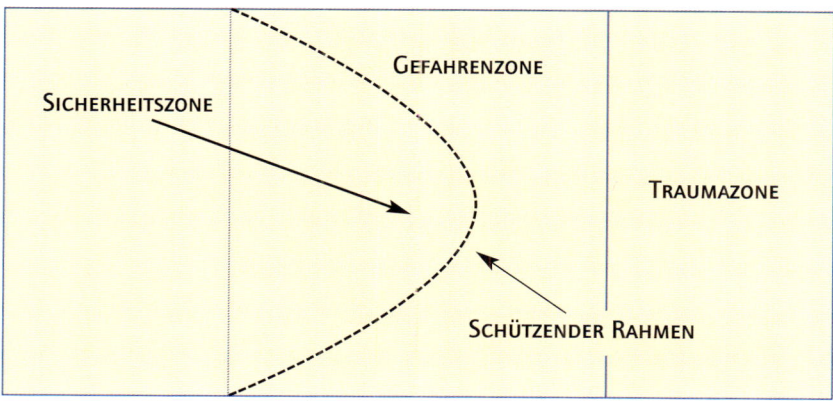

Wie deutlich wird, gibt es Bewältigungsmechanismen, die uns in die Lage versetzen, Spannungszustände zu tolerieren und das Aufkommen von Angst zu kontrollieren. Nun kann es jedoch passieren, dass dieser subjektive Sicherheitsrahmen Gefahr läuft zusammenzubrechen. Wie man dies verhindern kann und welche Gegenmaßnahmen es gibt, soll im Folgenden erläutert werden.

Die Ergebnisse einer Befragung von 76 Anfängern (im Alter von 5-48 Jahren mit einem Durchschnittsalter von 15,2 Jahren, s = ±8 Jahre) zeigen bei einer überwiegend jugendlichen Klientel, dass Angst beim Klettern ein gar nicht so großes Problem darstellt. Nun kann das daran liegen, dass wohl nur diejenigen zum Klettern gehen, die schon im Vorfeld wenig bis keine Ängste entwickeln. Wenn Angst doch auftritt, dann mehr in gemäßigter Form.

Angst beim Klettern – (k)ein Problem?

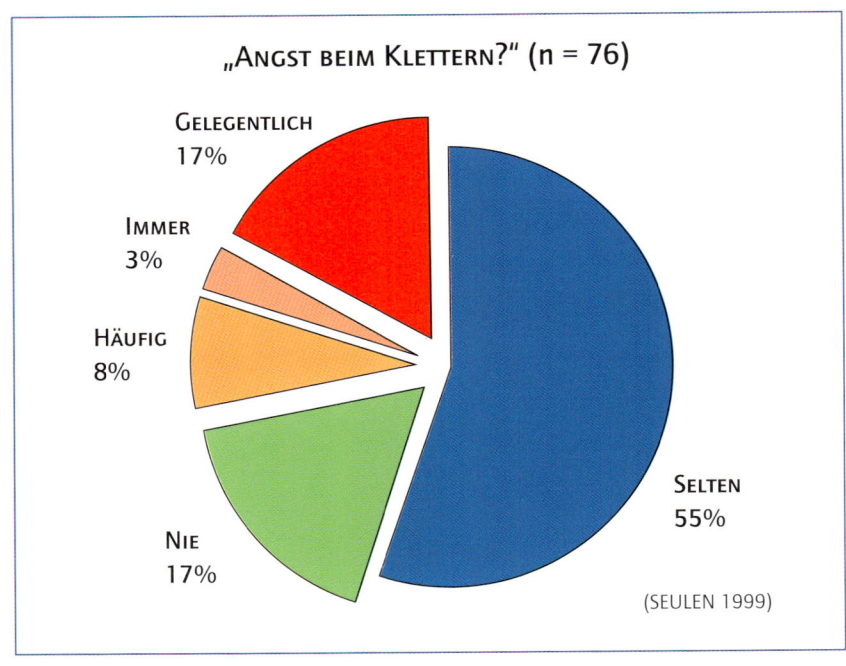

"ANGST BEIM KLETTERN?" (n = 76)

GELEGENTLICH 17%

IMMER 3%

HÄUFIG 8%

NIE 17%

SELTEN 55%

(SEULEN 1999)

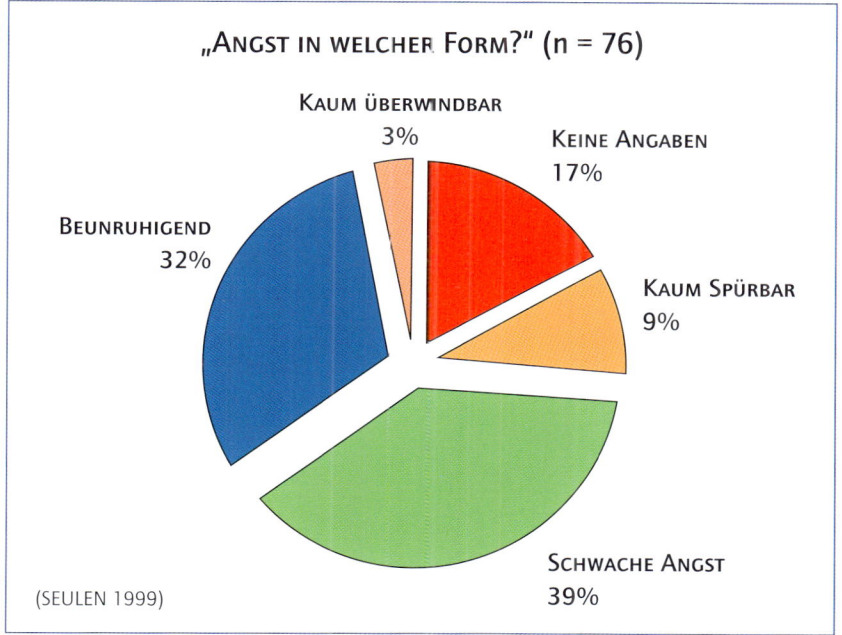

„ANGST IN WELCHER FORM?" (n = 76)

KAUM ÜBERWINDBAR 3%
KEINE ANGABEN 17%
KAUM SPÜRBAR 9%
SCHWACHE ANGST 39%
BEUNRUHIGEND 32%

(SEULEN 1999)

Wie dennoch Ängste vermieden, einmal entstandene Ängste reguliert und überdauernde in ihrer Wirkung abgeschwächt werden könnten, folgt nun.

Basismethoden

1. Gewöhnung – entspanntes Annähern.
2. Situationstraining – Strategie der kleinen Schritte.
3. Konfrontation – der Sprung ins kalte Wasser.
4. Selbstinstruktion – abmildern durch Nachdenken.
5. Vorbild – lernen durch Beobachten.
6. Ablenkung durch Umorientierung.
7. Erziehung – mit der Angst umgehen lernen.

Gewöhnung – entspanntes Annähern

Eine Möglichkeit, die Intensität eines erlebten Angstempfindens in einer bestimmten Situation künftig zu mindern, besteht in der Annäherung an die beängstigende Situation im Zustand körperlicher Entspannung. Unerwünschte Angstzustände sollen dadurch verhindert werden, indem wir uns der Angst auslösenden Situation in dem mit Angst unvereinbaren Zustand des Entspanntseins nähern.

Zwei Aspekte sind dabei von Bedeutung: Zum einen gilt es, Entspannung herzustellen. Die Entspannung soll dabei eine angenehme, furchthemmende, eine mit Angstzuständen unvereinbare Atmosphäre erzeugen.

Nun erfolgt in dieses Entspanntsein hinein die Vorstellung eines Angst auslösenden Ereignisses. Grundsätzlich stehen uns hier zwei Wege offen: Einmal begeben wir uns bei geschlossenen Augen im Geiste in die Situation und erleben sie in Gedanken. Zum anderen bringen wir uns real in die Situation. Entspannt verweilen wir nun dort und/oder stellen uns so lange das Angst auslösende Ereignis vor, bis die Vorstellung oder das reale Durchleben weniger Angst auslöst.

Gewöhnung durch Entspannung (Foto: M. Fickert)

Gewöhnen durch Entspannung

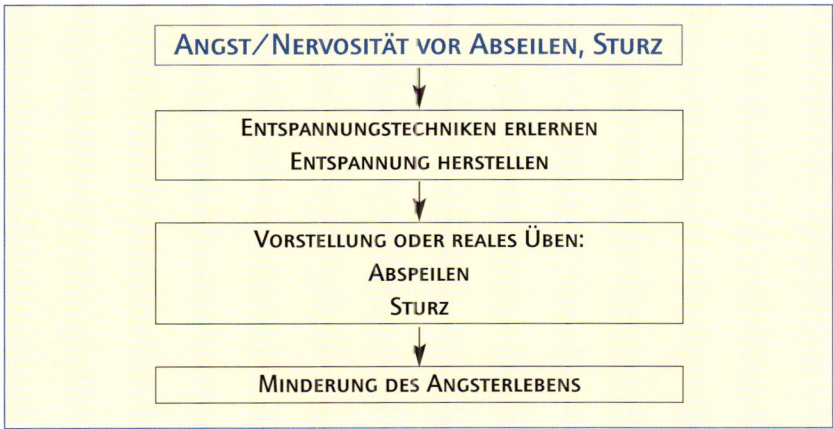

Nehmen wir an, wir wissen, dass wir störende Nervosität empfinden, wenn wir uns Abseilen. Zunächst müssen wir uns beruhigen und entspannen. Im entspannten Zustand begeben wir uns nun gedanklich oder real in die Angst auslösende Situation *Abseilen*. Die Erfahrung zeigt, dass Angsterleben im entspannten Zustand erheblich reduziert auftritt und dadurch ein Angstabbau bzw. eine angstfreiere Annäherung möglich ist.

Situationstraining – Strategie der kleinen Schritte

Das Gewöhnungstraining strebt den Abbau von Vermeidungsreaktionen über die fortschreitende Bewältigung ähnlicher, aber mit vorerst wenig oder keinem Angstgefühl verbundenen Situationen an. Ein Situationstraining zielt ab auf eine schrittweise Annäherung an Angst auslösende Situationen über das Durchlaufen vieler, sich der Ernstsituation langsam annähernder Erlebnisse. Dieses Vorgehen entspricht dem alten Grundsatz *vom flachen ins tiefe Wasser.*

Die stetige Annäherung an die als gefährlich interpretierten Lebenslagen durch Gewöhnung an das, was uns gerade noch tolerierbar erscheint, gewährleistet, dass jede erfolgreiche Annäherung eine Verstärkung (Belohnung) erfährt, die zur

Bekräftigung der Annäherung führt. Ein Vordringen in angstbesetzte Situationen über eine schrittweise Gewöhnung birgt das Erfolgserlebnis („Ich hab es ja geschafft!") und die Erfolgsaussicht, künftig weniger emotional erregt, eine Aufgabe in Angriff zu nehmen (furchtreduzierende Rückmeldung). Weniger Erregung erlaubt die freiere Entfaltung unseres Könnens und die Bewältigung zunehmend schwieriger Situationen, die einst Blockierung und Furcht vor dem Misslingen (furchtverstärkende Rückmeldung) bedeutet hätten. Ein Abbau der Angst über den Weg der kleinen Schritte gibt uns das notwendige Selbstvertrauen.

Nordkante Predigtstuhl – die Kletterer einst waren keineswegs physisch oder psychisch schwächer, sondern bei der Ausrüstung wohl nur vorsichtiger: Im Spannungsfeld zwischen Annäherung und Vermeidung liegt die Herausforderung. (Fotos: H. Löffler)

Beispielsweise können wir die Angst vor dem Hinauslehnen beim Abseilen dadurch lindern, indem wir zuerst das Abseilen in der Ebene, dann am schrägen Hang üben, dann das Abseilen an einer leicht einliegenden Platte oder im gestuften Fels durchführen, um es zuletzt in senkrechter Felswand zu wagen. Auch beginnt eine Einführung in das kontrollierte Stürzen mit einem vorsichtigen Hineinsetzen in das Seil, gefolgt von kleinen Rutschern und sehr kleinen Sturzhöhen, bis letztlich einige Meter verkraftet werden.

Die positive Verstärkung des Erfolgs und die empfundene Freude ermöglichen es, die Verbindung zwischen Tätigkeit und Angst verblassen zu lassen. Der fortgesetzte Umgang mit Gefahrenreizen führt in der Regel zu einer immer besseren Beherrschung der Angst oder eines angstähnlichen Erregungszustands. Zunehmende Erfahrung im Umgang mit Gefahren lässt uns bei Annäherung an eine Gefahrenquelle die Angsterregung früher hemmen und einen weniger starken Angstanstieg erleben. Durch den Prozess der Gewöhnung werden ehemals starke Erregungssteigerungen bei wiederholter Darbietung reduziert. Wir werden uns weniger mit der Suche nach Ausweichmöglichkeiten zum Zweck der Verringerung der Angst beschäftigen, sondern sind nun vermehrt in der Lage, potenziell schädigende Komponenten adäquater und objektiver in ihrer Bedeutung zu beurteilen.

Situationstraining – Strategie der kleinen Schritte

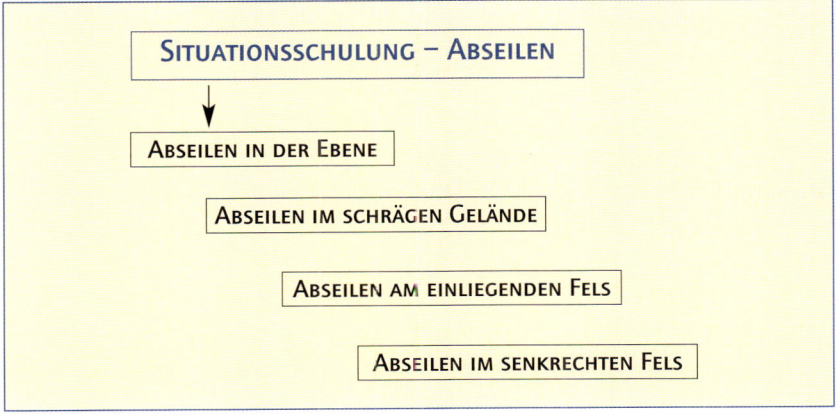

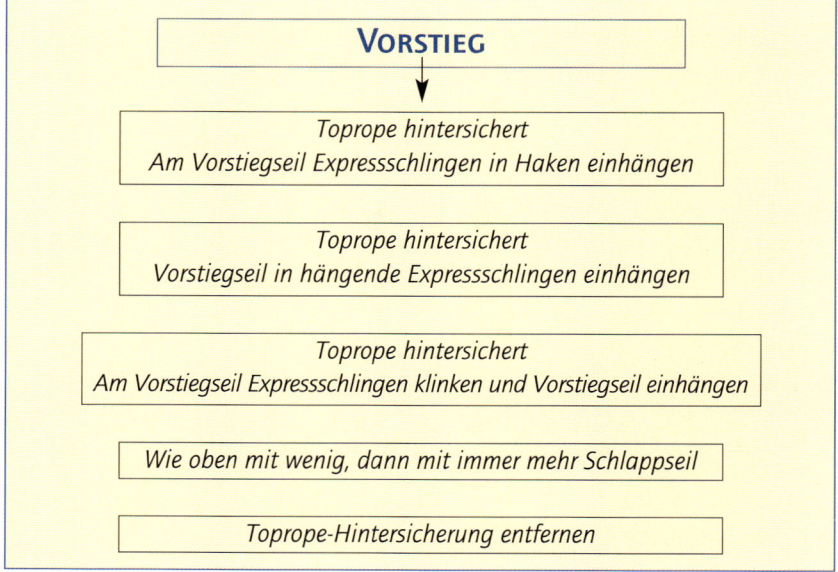

VORSTIEG

Toprope hintersichert
Am Vorstiegseil Expressschlingen in Haken einhängen

Toprope hintersichert
Vorstiegseil in hängende Expressschlingen einhängen

Toprope hintersichert
Am Vorstiegseil Expressschlingen klinken und Vorstiegseil einhängen

Wie oben mit wenig, dann mit immer mehr Schlappseil

Toprope-Hintersicherung entfernen

Konfrontation – der Sprung ins kalte Wasser

Der Sprung ins kalte Wasser entspricht dem Hineinwerfen in die Angst auslösende Situation. Es wird Angst erzeugt, um die Unangemessenheit von Angst zu erfahren. Dieses Verfahren zielt darauf ab, uns mit Angstreizen zu konfrontieren und uns dort so lange zu belassen, bis sich, über einen Gewöhnungsvorgang an die Situation, die Angst reduziert. In Form einer Stressimpfung werden wir angehalten, den Umgang mit bedrohlichen Situationen einzuüben, um uns durch das Sammeln von Erfahrungen selbst zu immunisieren.

Durch dieses Konfrontationsvorgehen gilt es zu erfahren, dass der Furcht auslösende Reiz seine Wirkung verliert. Dies kann einmal wiederum auf gedanklicher Ebene durch Vorstellung geschehen (wir stellen uns vor, wir stürzen). Zum anderen begeben wir uns direkt (real) in die Situation. Am Fels bedeutet diese Reizüberflutung z.B. gezieltes Sturztraining, Klettern weit über Hakenhöhe oder die Gewöhnung an Höhe durch Abseilen in ausgesetztes Gelände.

Ein Beispiel: Beim Begehen eines Klettersteigs meiden wir Passagen, die uns einen Blick in Abgründe erlauben. Wir sollten an diesen Stellen gesichert stehen bleiben und uns einen Blick in die Tiefe gönnen. Wir werden feststellen, dass der unheimliche Blick mit seinen ungewohnten optischen Eindrücken an Vertrautheit gewinnt, die Orientierungsleistung gesteigert wird und das Gefühl der Unsicherheit weicht. Wichtig dabei ist, dass wir der Situation nicht ausweichen, da sonst das Vermeidungsverhalten verstärkt wird, also das Gegenteil damit erreicht werden könnte. Auch hier kann Entspannung zum Einsatz kommen, d.h., im entspannten Zustand in der Situation verweilen.

Angstabbau durch Konfrontation

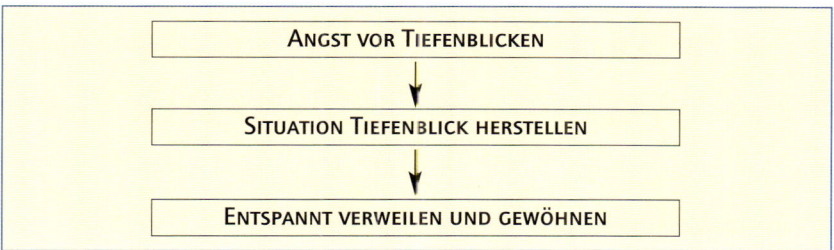

Selbstinstruktion – abmildern durch Nachdenken

Das Ziel der Angstverminderung durch Nachdenken kann in der Veränderung von Bewertungs-, Entscheidungs-, Einordnungs- und Verarbeitungsprozessen gesehen werden. Ansatzpunkt für Veränderungen ist ein gezielter gedanklicher Eingriff in unsere individuellen Bewertungen oder Deutungen von Ereignissen. Diese Technik berücksichtigt, dass an der Angstauslösung Wahrnehmungsleistungen, Informationsverarbeitungsprozesse und Vorstellungsleistungen beteiligt sind. Sie nehmen zum Dreh- und Angelpunkt ihrer Angstverminderungsabsicht, dass die Bewertung einer Situation die Stärke unserer Angstreaktion wesentlich mit bestimmt.

Eine besondere Rolle spielt die Idee des Selbstinstruktionstrainings. Es konzentriert sich auf die selbst eingeimpften, handlungsbezogenen Gedanken, die zur Bewältigung von Angstsituationen beitragen helfen. Der Geängstigte hält einen Dialog mit sich selbst, um damit das Angstgefühl bewusst zu steuern. Folgende Selbstinstruktionen könnten formuliert werden: „Du kannst dich der Herausforderung stellen!"; „Entspanne dich!"; „Denke über das nach, was du zu tun hast!"; „Atme tief durch!"; „Du hast alles unter Kontrolle!"; „Es hat geklappt, gut gemacht!"; „Nimm dir Zeit, nicht hetzen!". Diese Technik geht davon aus, dass mit Zusatzinformationen (z.B. „Tief durchatmen", „Weiter entspannen!", „Gut gemacht!", „Nicht locker lassen!") die Angst auslösenden Quellen steuerbar sind. Es geht dabei nicht um die Veränderung der objektiv vorliegenden Situation, sondern um deren Betrachtung durch eine andere Brille: „Ich bin darauf gespannt!" anstatt „Ich habe Angst."

Sprechen mit sich selbst hilft, das anstehende Problem gedanklich klarer zu erfassen, wodurch es übersichtlicher und durchschaubarer wird. (Foto: H. Löffler)

Ergänzungsinformationen sollen eine Neubewertung ermöglichen, die Klarheit schafft (z.B. objektivere Einschätzung der eigenen Leistungsfähigkeit) und die Ungewissheit durch die Beschreibung der Aufgabenanforderung verringern hilft. Selbstaufforderungen in Form eines inneren (nicht hörbar) und hörbaren Sprechens helfen, das anstehende Problem gedanklich zu erfassen. Problemdefinition („Was gibt es zu tun?"), Aufmerksamkeitslenkung („Was und worauf muss ich achten?"), Handlungsplanerstellung und Revision („Wie muss ich das ausführen?"; „Halt, das geht so nicht!") werden klar formuliert, wodurch wir die Interpretation unserer Wahrnehmungen erleichtern.

So wird beispielsweise die Einordnung der Bedrohlichkeit der Situation unterstützt vom Wissen um die Qualität unseres Sicherungsverhaltens (automatisierte Handhabung von Seil, Karabiner, Haken, Zwischensicherungen), unserer gründlichen physischen und mentalen Vorbereitung, angemessene Ausrüstung, fundierte Klettertechnik, gesunde Selbsteinschätzung, Konzentration und Sorgfalt.

Die Beachtung der angesprochenen Sicherheitsgaranten ist für die kognitive Bewertung insofern bedeutsam, da Furcht verstärkende und zur Blockade führende Rückkopplungen ein Bereich der Furcht reduzierenden Rückmeldungen gegenübersteht. Ein uns optimal regulierendes Gleichgewicht besteht aber nur so lange, wie ein für uns angemessenes Niveau der Sicherung und Selbstsicherheit aufrechterhalten werden kann.

Vorbild – lernen durch Beobachten

Einige von uns kennen das Gefühl, dass die Anwesenheit eines gelassen reagierenden Menschen eine beruhigende Wirkung auf uns selbst ausstrahlt. Die Orientierung unseres Verhaltens an Vorbildern und dem daraus möglichen Einfluss auf unseren Gemütszustand greift das Lernen am Vorbild auf. Die Erfahrung lehrt, dass vorbildhaftes Verhalten angstlindernd wirkt. Durch die Beobachtung eines Modells, z.B. in Form unseres erfahrenen Kletterpartners, der sich erfolgreich unserer Angstsituation nähert und diese bewältigt, sollen wir lernen, dass die von uns gefürchtete Handlung durchaus ohne Angst zu durchleben ist. Erkenntnisse hierüber versprechen eine Reduzierung unseres Angsterlebens so weit, dass ein Vermeidungsverhalten nicht erfolgt. Als Nachahmer erleben wir die positiven Konsequenzen unserer Überwindung, wodurch eine erfolgreiche Annäherung und Ausführung verstärkt und bekräftigt wird.

Ablenkung durch Umorientierung

Die Auslöschung eines erlernten Vermeidungsverhaltens ist sehr schwer. Wir können jedoch eine Reduzierung der Angstreaktion dadurch erreichen, indem wir in einer für uns angstbeladenen Situation nicht mit einer Vermeidungsreaktion reagieren, sondern uns bewusst einen mit Angst nicht zu vereinbarenden Gegenstand oder Situation (z.B. grüne Wiese, Sonnenuntergang am Meer, Schmetterling) vergegenwärtigen. Angenehme Körperempfindungen verfügen über eine Angst eindämmende, Angst hemmende und ablenkende Wirkung. Dieses Vorgehen verlangt die Ausrichtung unserer Aufmerksamkeit auf Dinge, die ausschließlich als angenehm empfunden werden. Die Betonung positiver Aspekte einer ambivalenten Sachlage (*Genusstour* versus *schlechte Sicherungen*) bietet neben der bewussten Einschränkung unserer Wahrnehmung (Vermeidung Angst erzeugender Hinweise: „Nicht runterschauen, sondern auf den Weg!") weitere Ansatzpunkte der Angstvermeidung.

Über eine Art Umdeutungsprozess (positives Denken) fordern wir uns auf, nicht über Furcht auslösende Hinweise der Situation nachzudenken, sondern uns auf die Aufgabe zu konzentrieren. Ähnliche Prinzipien werden bei der Ausbildung von Fallschirmspringern angewandt.

Wir wollen an dieser Stelle nicht unerwähnt lassen, dass eine übersteigerte Verniedlichung und Ausgrenzung von Informationen auch dazu führen kann, dass wir die Gefährlichkeit einer Situation gedanklich so weit reduzieren bzw. nicht wahrhaben wollen, dass wir sie unrealistisch sehen und als harmlos interpretieren. Des Weiteren erfordert Aufmerksamkeitslenkung die Beurteilung sich einstellender Gedanken und Gefühle danach, inwiefern diese in unserer Situation angebracht sind oder nicht. Erst diese Zuordnung erlaubt uns, Unangemessenes zu erkennen und zu verdrängen. Werden unangebrachte Gedanken als solche nicht erkannt, können wir diese auch nicht ausschalten. Sie werden uns ablenken und für eine unterdurchschnittliche Kletterleistung mit verantwortlich sein.

Erziehung – mit der Angst umgehen lernen

Neben dem Einsatz positiver Bekräftigung gehört auch die Erziehung zum Umgang mit der Angst. Der Kletterer muss lernen, angst- und konfliktträchtigen

Aufziehender Nebel und überfrierender Fels lassen urplötzlich die sonst so gewohnten Bewegungen aus ihrer Anonymität heraustreten. (Foto: W. Petschke)

Situationen nicht auszuweichen, sondern diesen Umstand zum Anlass nehmen, über Lösungen nachzudenken. Angsttoleranz gilt es, bewusst aufzubauen, indem wir durchaus gezielt Situationen aufsuchen, deren Bewältigung unter großer Aktivierung erst erarbeitet werden muss. Erst im Umgang mit der Angst wird diese – über die Wiederkehr recht gleich verlaufender körperlicher und geistiger Reaktionen – uns langsam vertrauter, besser einschätzbar und früher regulierbar.

Welches Verfahren der Angstreduzierung für wen von uns, für welchen Angstauslöser, bei welcher Stärke der Angstreaktion Erfolge verspricht, darüber können wir – aufgrund nur sehr wenig vorhandener, systematisch gewonnener Einsichten – hier keine eindeutige Auskunft geben. Nur so viel sei angemerkt: Individuelle Unterschiede bedürfen unterschiedlicher Verfahren. Eine Art von Versuch und Irrtum (Auswahl der Methode, die am meisten zusagt) führt möglicherweise sicher zum Ziel.

Die Brauchbarkeit einer Angstverminderungsstrategie kann nur über bewusstes Ausprobieren abgeklärt werden. (Foto: W. Schädle-Schardt)

Situationstraining versus Konfrontationsmethode

In einer Untersuchung mit 20 Anfängern (je Gruppe 10) im Durchschnittsalter von 24 Jahren beobachteten wir die unterschiedlichen Wirkungen auf das Angsterleben beim Erlernen des Abseilens. Ein Situationstraining (3 x Abseilübung in der Ebene, 3 x Abseilübung in der Schräge, 3 x Abseilen im einliegenden Felsgelände, 3 x Abseilen an einer 11 m hohen, senkrechten Felswand) wurde einer Konfrontationsmethode (sofort hintereinander 3 x Abseilen an senkrechter Felswand) gegenübergestellt. Die physiologische Erregung (Pulsfrequenz) fiel bei beiden etwa gleich aus. Der Puls liegt vor Abseilbeginn im senkrechten Gelände im Durchschnitt zwischen 100 und 120 Schägen pro Minute (Vorstartszustand).

Pulsfrequenzen vor und während des Abseilens

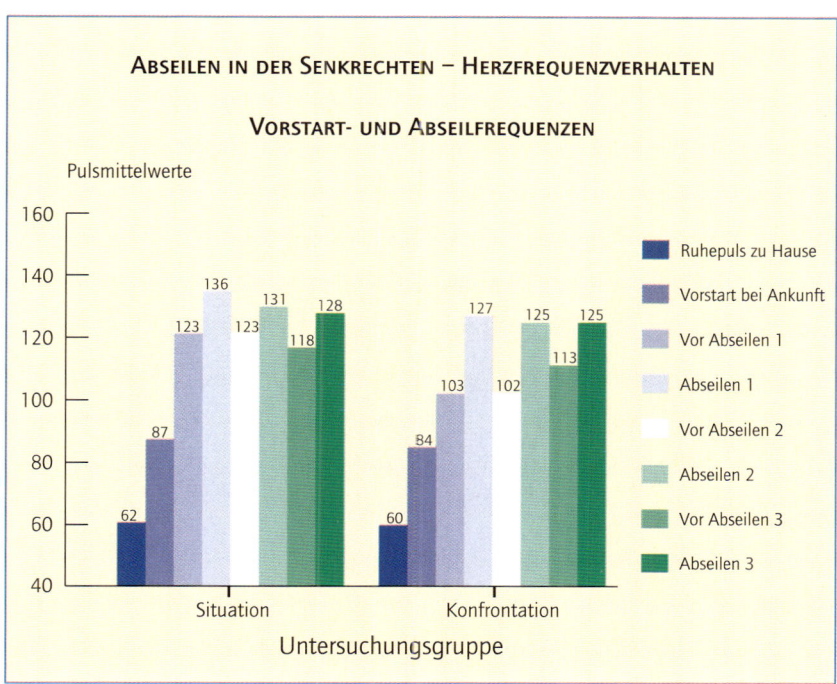

ABSEILEN IN DER SENKRECHTEN – HERZFREQUENZVERHALTEN

VORSTART- UND ABSEILFREQUENZEN

Pulsmittelwerte

Situation: 62, 87, 123, 136, 131, 123, 118, 128
Konfrontation: 60, 84, 103, 127, 102, 125, 113, 125

Legende:
- Ruhepuls zu Hause
- Vorstart bei Ankunft
- Vor Abseilen 1
- Abseilen 1
- Vor Abseilen 2
- Abseilen 2
- Vor Abseilen 3
- Abseilen 3

Untersuchungsgruppe

Eine Befragung zum Zustand des Angsterlebens (*State-Anxiety*) vor und nach dem Abseilen gibt zu erkennen, dass für Kletteranfänger die sanfte Heranführung in Teilschritten nach dem Prinzip des Situationstrainings der direkten Konfrontation vorzuziehen ist. Die Methode des Situationstrainings nähert sich dem Problem sanft. Durch das allmählich gesteigerte Abseilen (schrittweise Anpassung an die Situation) wird der Umgang mit Material, Technik und Aufgabe gut geübt. Mit jedem Abseilvorgang – gleich wo – wird Klarheit geschaffen und Vertrauen bekräftigt. Dieser Informationsvorsprung gegenüber der Konfrontationsgruppe führt bei der Einstufung der Angst schneller zu niedrigeren Werten (vgl. Abbildung).

Angstwerte der Situationstrainingsgruppe

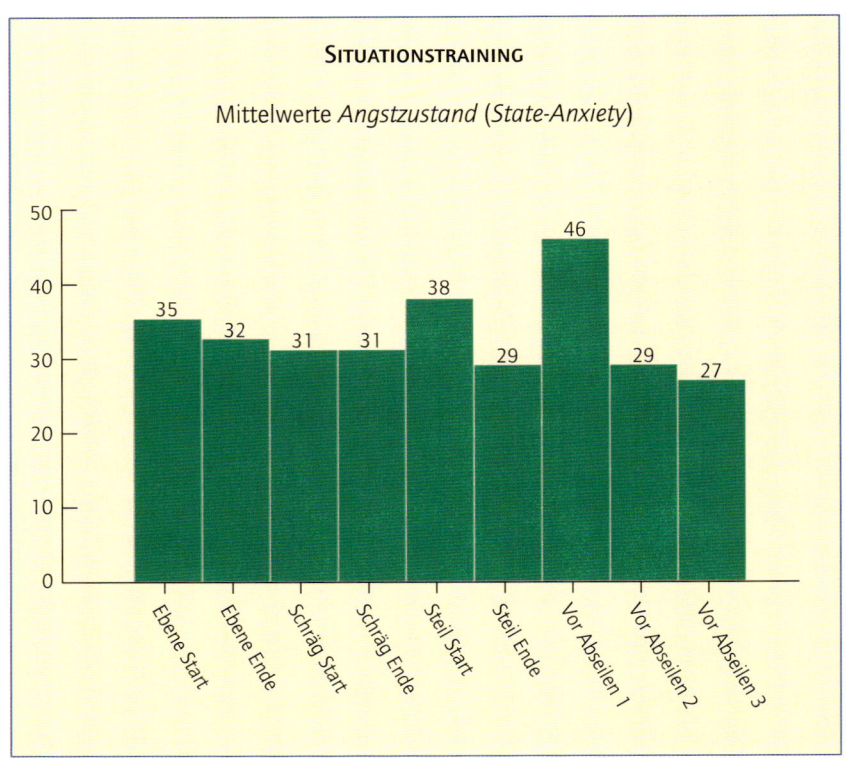

SITUATIONSTRAINING

Mittelwerte *Angstzustand* (*State-Anxiety*)

Situation versus Konfrontation – Angstwertevergleich

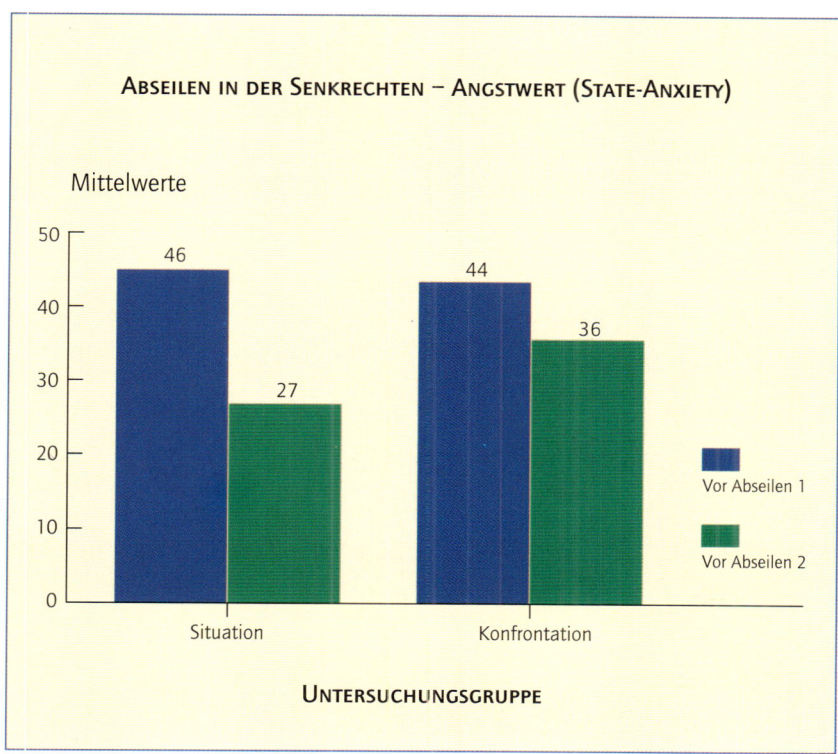

ABSEILEN IN DER SENKRECHTEN – ANGSTWERT (STATE-ANXIETY)

Mittelwerte

Vor Abseilen 1

Vor Abseilen 2

Situation Konfrontation

UNTERSUCHUNGSGRUPPE

Spannend war zu beobachten, dass das erste Ausführen (z.B. das erste Mal Abseilen im gestuften Gelände, das erste Abseilen in der Senkrechten, vgl. Abbildung Situationsgruppe) jeweils im Angsturteil herausragte.

Der erste Schritt in eine neue, unbekannte und beängstigende Situation muss methodisch gut vorbereitet und begleitet werden. Das erste Mal stellt die eigentliche emotionale Hürde dar. Alle weiteren Wiederholungen werden lange nicht als so bewegend eingestuft.

Bergrettung – gestern und heute (Fotos: H. Löffler / W. Schädle-Schardt)

8 AUFWÄRMEN

8.1 ZUR BEDEUTUNG DES AUFWÄRMENS

Zur Erleichterung des Verständnisses der nachfolgenden Sachverhalte sollten wir unseren Organismus als Herberge vielfältiger, ineinander greifender Teilsysteme begreifen, die, aufeinander abgestimmt, die fehlerfreie Funktion in den verschiedensten Lebenssituationen gewährleisten. Biologische Teilsysteme reagieren bei wechselnden Umgebungsbedingungen und Situationsanforderungen nicht unmittelbar, sondern zeichnen sich durch Trägheit aus. Wir können diese Tatsache sehr gut nachvollziehen, wenn wir aus einem hell erleuchteten Raum hinaus ins Dunkle treten. Unser Auge bedarf dort einer kurzen Anpassungszeit. Die biologischen Teilsysteme, die unsere Leistungsfähigkeit mitbestimmen (z.B. das Herz-Kreislauf-System, die Atmung, die optische, taktile oder kinästhetische Wahrnehmung), benötigen Zeit, um sich optimal auf die geforderte Situation einzustimmen. Erfordert eine anstehende Bewegung unmittelbar unser volles Geschick und duldet keine *Totzeiten*, bietet das Aufwärmen die Möglichkeit, Anpassungen vorwegzunehmen.

Im Allgemeinen wird das Aufwärmen als notwendiges Übel akzeptiert, seine leistungsfördernde Wirkung bestätigt und als Maßnahme zur Verletzungsprophylaxe gerne angenommen. Man könnte meinen, dass sich heutzutage jeder ernsthaft Sporttreibende im Vorfeld einer sportlichen Betätigung aufwärmt. Jeder und überall? Der Alltag im Klettergarten oder in der Kletterhalle zeigt etwas anderes. Kaum sachgerecht im Gurtzeug vertäut, erfolgt der Kampf mit der Schwerkraft, was in der Regel auch keine direkt sichtbaren und sogleich schmerzlich spürbaren Verletzungen nach sich zieht. Also, warum wertvolle Kletterzeit verschwenden? Weit gefehlt, wären da nicht handfeste medizinische Erkenntnisse und die Vielzahl anders gerichteter praktischer Erfahrungen, die uns eines Besseren belehren.

Unter *Aufwärmen* werden alle Maßnahmen verstanden, die vor einer sportlichen Belastung der Herstellung eines optimalen psychophysischen, koordinativ-kinästhetischen Vorbereitungszustands sowie der Verletzungsprophylaxe dienen.

Der allgemeine Zweck des Aufwärmens liegt in der Förderung besserer Ausgangsbedingungen hinsichtlich organischer, geistiger und koordinativer Leistungsbereitschaft. Man unterscheidet *allgemeines* und *spezielles Aufwärmen*.

Unter *allgemeinem Aufwärmen* werden Übungen verstanden, welche nicht sport-
artspezifische Beanspruchungen enthalten (z.B. ein 15 min langer Dauerlauf vor
einer Kletterpartie). Es kommen große Muskelgruppen zum Einsatz, wodurch die
Ansprechbarkeit unseres Organismus auf Belastung allgemein erhöht wird.

Spezielles Aufwärmen betrifft hingegen die Absolvierung der sportartspezifischen
Bewegungen. Es erfordert die Ausführung kletterspezifischer Übungen (z.B. das
Einklettern im leichteren Gelände), wobei Bewegungen zur Anwendung kommen,
die hinsichtlich ihrer dynamischen, räumlich-zeitlichen Struktur der Zielfertigkeit
ähnlich sind. Auf diese Weise werden günstige Ausgangsbedingungen für das
Zusammenspiel innerhalb eines Muskels (intramuskulär) und zwischen Muskeln
(intermuskulär) geschaffen. Allgemeines und spezielles Aufwärmen kann wiederum *aktiv*, *passiv*, *mental* oder *kombiniert* durchgeführt werden. Beim *aktiven*
Aufwärmen werden wir direkt tätig. Unter der Bezeichnung *passives Aufwärmen*
werden heiße Duschen, Wannenbäder, Massagen oder Einreiben mit durchblu-
tungsfördernden Mitteln zusammengefasst. *Mentales Aufwärmen* beschränkt sich
auf die rein gedankliche Ausführung der Bewegung vor dem geistigen Auge.

Die Bedeutung des Aufwärmens wird in der Regel durch die Brille des Physiologischen betrachtet. Dennoch sollten wir die psychischen Aspekte, die durch Aufwärmen zu beeinflussen sind, mitdenken. Zuerst werden wir uns den physiologischen
Auswirkungen widmen und uns anschließend dem zuwenden, was Aufwärmen für
das Wohlbefinden unserer Seele zu leisten imstande scheint.

8.2 PHYSIOLOGISCHE WIRKUNGEN DES AUFWÄRMENS

Ringen wir uns zur Ausübung eines Aufwärmprogramms durch – etwa in Form eines lockeren Laufs, den wir mit speziellen Übungen zur Vorbereitung kletterspezifischer Bewegungen durchsetzen –, dürfen wir mit folgenden Wirkungen rechnen.

Aufwärmen, ein sinnvolles Ritual (Foto: M. Fickert)

Der grundlegende Vorgang, der eine ganze Reihe körperinterner Prozesse begünstigt, liegt in der Erhöhung der Temperatur im arbeitenden Gewebe (z.B. der Muskulatur). Nach der RGT-Regel (Reaktions-Geschwindigkeits-Temperatur-Regel nach HOFF/ARRHENIUS) führt eine Temperaturerhöhung zur Steigerung der Geschwindigkeit biochemischer Reaktionen. Durch Aufwärmarbeit kommt es zur Wärmeproduktion in der arbeitenden Muskulatur, wodurch die Geschwindigkeit der Stoffwechselvorgänge erheblich ansteigt. Die Optimaltemperatur beträgt etwa 38,5-39,0° C.

In diesem fieberähnlichen Temperaturbereich laufen die für motorische Leistungen entscheidenden physiologischen Reaktionen mit dem günstigsten Wirkungsgrad ab. Als Folge erhöht das Aufwärmen die Kontraktionsgeschwindigkeit unserer Muskulatur (Beschleunigung der neuromuskulären Übertragung), die Leitungsgeschwindigkeit unserer Nerven und sensibilisiert unsere Körpersinne. An den Fingern variiert die Durchblutung bei kalter bzw. warmer Umgebung um ein Vielfaches. Nur ein spezielles Erwärmen der Finger führt zu einer situativ optimalen Durchblutung als Basis guter feinmotorischer Bewegungen.

Erinnern wir uns in diesem Zusammenhang an die Funktion und Bedeutung des taktilen und kinästhetischen Analysators beim Klettern. Informationen über Spannungsveränderungen in der Muskulatur (z.B. die Verlagerung des Körperschwerpunkts) oder über das An- und Abschwellen von Druckempfindungen an unseren Fingerspitzen tragen wesentlich zur Stabilisierung unseres Körpers und damit zum Gelingen der Bewegung bei.

Gleichgerichtet steigert Aufwärmen die Aktivität des Herz-Kreislauf-Systems, der Atmung, der hormonellen Regulation, fördert die Durchblutung des Gewebes durch Weitstellung (Vasodilatation) der Kapillare (Haargefäße) und führt zu einer Verschiebung des zirkulierenden Blutes in der Haut und der inneren Organe hin zur arbeitenden Muskulatur. Besonders stark vermag die Durchblutung der Extremitäten anzusteigen (z.B. Finger um das 600fache, Hände um das 30fache und der Rumpfbereich um das Siebenfache).

Muskulatur, Sehnen und Bänder werden elastischer, dehnfähiger und die Gelenkbeweglichkeit wird erhöht. Die Gefahr von Muskel-, Sehnen- und Bänderrissen vermindert sich. Aufwärmen unterstützt die Entspannungsfähigkeit der Muskulatur (schnellere Erholung), verbessert die Versorgung mit Sauerstoff und Nährstoffen und begünstigt den Abtransport von Abfallprodukten aus Stoffwechselprozessen.

Besondere Bedeutung erfährt das Warmmachen für den extremen *Fingerspitzen-malträtierer*. Beim erwachsenen Menschen werden Gelenke nicht direkt über Blutgefäße versorgt, sondern allein über die Gelenkflüssigkeit ernährt. Bewegungen im Gelenk unterstützen diesen Vorgang, wodurch es zur Durchmischung der Gelenkflüssigkeit mit Nährstoffen kommt, die sogar in den Gelenkknorpel hineingepresst werden können. Der Gelenkknorpel ernährt sich in gewisser Weise durch Bewegung. Weiterhin regt Aufwärmen die Produktion synovialer Flüssigkeit an (Gelenkschmiere), wodurch der Gelenkknorpel mit Flüssigkeit angereichert, an Dicke und Oberfläche gewinnt. Künftig einwirkende Druck- und Scherkräfte in extrem belastenden Situationen können besser absorbiert und somit einer Schädigung des Gelenks vorgebeugt werden.

Verletzungsprophylaxe durch Aufwärmen (Foto: G. Köstermeyer)

8.3 AUFWÄRMEN UND BEWEGUNGSKOORDINATION

Rufen wir uns ins Gedächtnis zurück, dass wir unter *Bewegungskoordination* die Fähigkeit unseres Nervensystems verstehen, motorische Impulse, entsprechend der jeweiligen Situation, an die beteiligten Muskelgruppen weiterzuleiten, sodass daraus zeitlich und räumlich präzise und ökonomische Bewegungssequenzen resultieren. Diese Fähigkeit lässt sich durch Aufwärmen optimieren. Das Ausführen sportartspezifischer Bewegungen im Rahmen einer Aufwärmtätigkeit unterstützt die Qualität unserer Bewegungen, aktiviert koordinative Muster und fördert das Einspielen künftig benötigter Bewegungen.

Koordinative Schwierigkeiten können im nicht aufgewärmten Zustand dadurch entstehen, dass in unseren Muskeln und Muskelgruppen nur eine ungenügende Betriebstemperatur herrscht, was zwangsläufig eine geringere Empfindlichkeit der Rezeptoren nach sich zieht. Wertvolle Rückmeldungen über den Verlauf, den Erfolg oder das Misslingen unserer Bewegungen werden uns im nicht aufgewärmten Zustand nur ungenügend zugeleitet.

Unabhängig vom Ort: Aufwärmen ist individuell. (Foto: A. Köppel)

8.4 PSYCHISCHE ASPEKTE DES AUFWÄRMENS

Im psychischen Bereich fördert Aufwärmen die Aktivierung zentralnervöser Strukturen, wodurch der Organismus in einen Zustand erhöhter Wachheit (*Vigilanz*) gerät, der die Aufmerksamkeitsleistung steigert und sich durch eine verbesserte optische Wahrnehmung und Erhöhung der Reaktionsfähigkeit äußert. Aufwärmen trägt zur Optimierung des Aktivierungsniveaus bei, indem Übererregungszustände (*Startfieber*) gemildert und Hemmungszustände (*Startapathie*) unterbunden werden können.

Erwähnt werden muss an dieser Stelle das mentale Aufwärmen. Wir verstehen unter *mentalem Aufwärmen* ein intensives Vorstellen des Bewegungsablaufs mit der Absicht, eine höhere Leistung zu erzielen. Wir kennen die intensive gedankliche Vorstellung eines Bewegungsablaufs beispielsweise aus der unmittelbaren Wettkampfvorbereitung von Spitzenkletterern, die am Start Routenführung und Bewegungssequenzen innerlich durchleben, ohne dies praktisch zu vollziehen.

Untersuchungen zum mentalen Training zeigen, dass bereits die Vorstellung einer Tätigkeit unterschwellig ähnliche nervale Entladungsmuster der späteren Bewegungen erzeugt, die Durchblutung der beteiligten Muskulatur anhebt, Atmung und Puls beschleunigt, die Empfindlichkeit des peripheren Sehens erhöht und die Erregbarkeit des Nervensystems ansteigt. Selbst nach kurzen Pausen kann ein Aufwärmen lohnen. Die Leistungsminderung nach kurzen Pausen kommt dadurch zustande, dass sogar in kurzen Pausen Veränderungen der verschiedensten leistungsbestimmenden Faktoren auftreten. Zum Zeitpunkt der Wiederaufnahme unserer Tätigkeit müssen diese Einstellungswerte erst neu anpasst werden, wodurch wir nicht sofort über das optimale Leistungsvermögen verfügen. Beispielhaft verdeutlicht der Einschub einer Pause das Nachlassen der Fähigkeit, einen bestimmten Kraftwert richtig einzuschätzen. Die praktische Relevanz für Kletterer liegt auf der Hand. So stellt sich doch für uns das Problem Tritt für Tritt und Griff für Griff, exakt die richtige Dosierung unseres Kafteinsatzes zu regulieren. Wir dürfen nicht zu viel Kraft einbringen, da der sonst unökonomische Einsatz unserer begrenzten Energien frühzeitig zu Ermüdungserscheinungen führt und das sturzfreie Durchsteigen der Route gefährdet. Andererseits dürfen wir beispielsweise den gedanklich vorweggenommenen Krafteinsatz beim dynamischen Klettern auch nicht zu gering ansetzen, da von der Notwendigkeit, den anvisierten und oft angesprungenen Griff unbedingt fixieren zu müssen, der Erfolg oder das Scheitern abhängt.

Das gleiche Prinzip gilt natürlich für die Funktionsfähigkeit aller Organe, die Informationen aufnehmen und verarbeiten und in Bewegung umsetzen. Als Erklärung führt man an, dass an der Ausführung einer Tätigkeit eine Vielzahl physischer und psychischer Komponenten beteiligt sind, die, je nach Art der Tätigkeit, durch Wiederholung optimal eingestellt werden. Wie zu verschiedenen Mahlzeiten unterschiedliche *Sets* zum Einsatz kommen, so fordern verschiedene Situationen voneinander differierende Einstellungen leistungsunterstützender Faktoren.

Der Pausenverlust ist Ausdruck der Veränderung eines inneren Zustands (z.B. Verlust des optimalen Aktivierungsniveaus, der aufgabenspezifischen Einstellung der Sinne an die Umgebung, von angemessenem Timing und Rhythmus), des so genannten *Activity-Sets*. Dieser spezifische Bereitschaftszustand ist das Ergebnis einer Vielzahl interner Einstellungsprozesse verschiedenster Komponenten, die der Optimierung der Fertigkeitsrealisierung dienen (z.B. Anpassung an Lichtverhältnisse, Gewöhnung an den speziellen Bewegungsrhythmus).

Lange Wege zum ersten Sicherungspunkt verlangen unser volles Leistungsvermögen von Anfang an. (Foto: M. Fickert)

Wird nun zwischenzeitlich eine Pause eingeschoben, so geht die ursprüngliche Einstellung und Ordnung der Komponenten verloren. Es stellen sich Ordnungen der zwischenzeitlich zu absolvierenden Tätigkeit ein (z.B. das *Activity-Set* „Gehen im steilen, rutschigen Gelände"), welches eben andere Einstellungen erfordert. Zum Zeitpunkt der Wiederaufnahme der Tätigkeit zeigt sich ein Abfall der Leistung.

Die Konsequenz, die sich daraus ziehen lässt, liegt in der Ausübung ähnlicher Tätigkeiten, um die entsprechenden Einstellungsprozesse bereits im Vorfeld auszulösen, damit bei Tätigkeitsbeginn das optimale Set bereits erreicht ist. Dies wird insbesondere dann einsichtig, wenn damit die erzielte Funktionsgüte hilft, Gefahrensituationen am Anfang einer Folge von Bewegungen zu vermeiden (z.B. das Anklettern des ersten Sicherungspunkts in 10 m Höhe nach einer kurzen Rast). Durch kletterspezifisches Erwärmen erreichen wir eine allgemeine Verbesserung der organischen Leistungsbereitschaft, eine optimale Betriebstemperatur, einen hellwachen und aufmerksamen Zustand unserer Sinne, vermeiden steife, ungelenkige, damit verletzungsträchtige Bewegungen, schützen unseren Bewegungsapparat vor Langzeitschädigungen und stimmen nicht zuletzt unseren Geist auf die kommenden koordinativen Anforderungen ein.

Eine genaue Dauer der gesamten Aufwärmzeit kann nicht verbindlich angegeben werden. Individuelle und situative Unterschiede (Alter, Trainingszustand, koordinatives Leistungsvermögen, Verletzungen, Tageszeit, Außentemperatur, psychische Verfassung) verlangen verschiedene Inhalte, Intensitäten und Zeitumfänge. Jeder von uns sollte durch die Beobachtung seiner körpereigenen Signale lernen, die notwendige Dauer zu erfühlen: „... wenn ich das Ziehen in der linken Schulter nicht mehr spüre, glaube ich, dort ausreichend erwärmt zu sein". Fertige Aufwärmprogramme können nur den groben Rahmen abstecken und inhaltlich Anregungen bereitstellen. Sie dürfen nicht als Rezepte verstanden werden. Die Erfahrung aus dem Kletteralltag lehrt uns eine durchschnittliche Vorbereitungszeit am Boden (ohne Einklettern) von etwa 15-30 Minuten.

Beim Aufwärmen gilt es schon festzustellen, in welcher Verfassung wir uns befinden. Aus der Beobachtung heraus, „*Wie* reagiert mein Körper auf Belastungen?", ist das Aufwärmprogramm zu gestalten. Nicht jede Tagesform gleicht der anderen, ebenso, wie zu verschiedenen Tageszeiten unser Körper unterschiedliche Neigung und Bereitschaft zeigt, Leistungen zu erbringen. Früh am Morgen ist die Muskulatur noch unbeweglich und die Kraftentfaltung noch mühsamer als etwa am Nachmittag. Eine Kletterunternehmung am frühen Vormittag bedarf daher einer gründlicheren Vorbereitung als in den Nachmittagsstunden.

Aufwärmen erhöht die Belastungsverträglichkeit. (Foto: A. Köppel)

8.5 ALLGEMEINES UND SPEZIELLES AUFWÄRMEN

Beginnen wollen wir mit einem langsamen bzw. trabenden Lauf von etwa 5-15 Minuten Dauer. Die Laufgeschwindigkeit beträgt etwa 2 m pro Sekunde, oder 600 m in fünf Minuten, oder 1.000 m in etwa acht Minuten bzw. bei einem Puls von 170 minus Lebensalter („Laufen ohne Schnaufen"). Auf gar keinen Fall darf unser Lauf und grundsätzlich unser Aufwärmen zu Vorermüdungen führen.

Während des Warmlaufens ist es sinnvoll, einen Gummiring, einen Softtennisball oder Ähnliches zu kneten, um bereits die Finger- und Unterarmmuskulatur zu erwärmen. Dazwischen streuen wir in Gehpausen allgemeine gymnastische Übungen für Hand-, Arm-, Schulter-, Rumpf-, Hüft-, Bein- und Fußmuskulatur ein, wodurch wir jede Muskelgruppe berücksichtigen. Jede Übung können wir mit jeweils 8-12 Wiederholungen durchführen. Bei der Ausführung der Übungen kommt es darauf an, langsam zu beginnen und stufenweise in der Intensität und dem Bewegungsumfang zu steigern. Beim Aufwärmen der Muskulatur gilt es nicht nur, z.B. den Armbeuger ausreichend zu erwärmen, sondern auch dessen Gegenspieler, den Armstrecker, gleichwertig mit einzubeziehen. Dieser Grundsatz ist besonders wichtig, um das optimale Zusammenwirken beider zu sichern (muskuläre Dämpfungsprozesse).

Fertige Aufwärmprogramme können nur den groben Rahmen abstecken und inhaltlich Anregungen bereitstellen. (Foto: M. Fickert)

Übungskatalog

Hüpfen am Ort, Fußkreisen, Fußbeugen/-strecken, Fußbeugen nach innen/außen, Zehenspitzengang, Achterkreisen mit den Beinen/Armen, Kniebeugen (Kniewinkel nicht kleiner als 90°), Hampelmann, Holzhacken, lockeres Hüpfen am Ort, Hüftkreisen, Beine abspreizen vorwärts/seitwärts/rückwärts, Rumpfbeugen, Rumpfdrehen, Froschsitz („Abfahrtshaltung"), Armkreisen, Liegestütze vorlings/rücklings (Rücken zeigt zum Boden), Finger und Handgelenke beugen, strecken, drehen, spreizen, dehnen und lockern, Liegestützspinne (Arme und Beine weit ausstellen), Handkreisen, Fingerkreisen, Klimmziehen (mit/ohne Partnerunterstützung), beidarmiges Hängen (mit/ohne Partnerunterstützung).

Im Zuge eines speziellen Aufwärmens der Fingergelenke kommt es zur Verdickung der Knorpel, wodurch nachfolgende Druck- und Scherkräfte besser abgefangen werden können. (Foto: W. Schädle-Schardt)

Spezielles Aufwärmen

Durch spezielles Aufwärmen sollen Bewegungsmuster aufgefrischt und den aktuellen Bedingungen angepasst werden. Zum speziellen Aufwärmteil gehören Übungen, die den künftigen Bewegungsablauf (Muskelgruppen und Krafteinsatz) vorwegnehmen, d.h. Übungen, die in ihrer Koordinationsstruktur (räumlich-zeitlicher Ablauf) der anstehenden Bewegung ähnlich sind. Vor einem kraftraubenden Piazriss sollten dem Piazzen ähnliche Bewegungen im leichteren Gelände gesucht werden. Wir sollten uns dabei den geforderten Bewegungsabläufen allmählich und langsam nähern und die Intensität des Krafteinsatzes fortlaufend steigern, bis unsere maximal mögliche Leistungsgrenze erreicht scheint.

Spezielles Aufwärmen nimmt Künftiges vorweg. (Foto: J. Lienhöft)

In der letzten Phase des speziellen Aufwärmens sind kurze und intensive Belastungsspitzen sinnvoll. Grundsätzlich gilt: Das beste spezielle Aufwärmen für den Kletterer ist und bleibt das Klettern selbst. Aus Erfahrung haben sich leichte Kletterein über dem Boden und/oder Klettereien von Routen weit unter der Leistungsgrenze bewährt. Nach Abschluss des Aufwärmens erfolgt in der Regel eine kleine Pause, in der Klettervorbereitungen getroffen werden. Hierbei gilt es zu beachten, dass der Zustand des Aufgewärmtseins natürlich langsam wieder schwindet.

Zum speziellen Aufwärmen gehört natürlich auch die Gewöhnung an die Umgebung. Vor jeder neuen Tour gilt es, sich in der Kletterarena zurechtzufinden, d.h., die Lichtverhältnisse zu studieren, sich auf kommende Gedanken und Gefühle einzustellen und unterschwellige Alltagsprobleme zurückzustellen. Wir haben Konzentration aufzubauen, stellen Zuversicht zu unserem Können und unserer Ausrüstung her, formulieren mögliche Schwierigkeiten und erörtern innerlich denkbare Lösungsansätze.

9 INTERNETADRESSEN

Alpine Vereine

Alpenverein (alpenverein.de)
Alpenverein Österreich (alpenverein.at)
Alpenverein Italien (cai.it)
Alpenverein Schweiz (sac-cas.ch)

Wetter

wetter.de
donnerwetter.de
dwd.de
reisewetter.de
wetterleuchten.de

Rettungsorganisationen

Bayerische Bergwacht (bergwacht-bayern.de)
Österreichischer Bergrettungsdienst (bergrettung.at)
Schweizerische Rettungsflugwacht (rega.ch)

Klettern

bouldering.de
climbing.de
frankenjurd.com
ig-klettern.de
kanalratten.de
klettertraining.de
klettern-lernen.de
mammut.ch

petzl.com
klettern.de
rockaroundtheworld.de
rockclimbing.de
softrock.de
vertical.de

(Foto: M. Fickert).

10 BASISLITERATUR

ALBRECHT, H.: Angst und Überaktivierung. Bayreuth 2000.

APTER, M.: Im Rausch der Gefahr. München 1994.

BETZ, E./REUTTER, K. u.a. : Biologie des Menschen. Wiesbaden 1997.

BOISEN, M.: Angst im Sport. Achenbach 1975.

BUBENDORFER, T.: Die Qualität des nächsten Schrittes. Wien 1986.

BUDINGER, H./HAHN, E.: Bedingungen des sportlichen Wettkampfes. Schorndorf 1990.

DITFURTH, H. VON: Der Geist fiel nicht vom Himmel – Die Evolution unseres Bewußtseins. München 1980.

FLAIG, W.: Felsklettern in Bildern und Merkworten I. Stuttgart 1925.

HACKFORT, D./SCHWENKMEZGER, P.: Angst und Angstkontrolle im Sport. Köln 1980.

HACKFORT, D.: Theorie und Analyse sportbezogener Ängstlichkeit. Schorndorf 1986.

HOTZ, A./WEINECK, J.: Optimales Bewegungslernen. Erlangen 1983.

KROHNE, H.W.: Theorien zur Angst. Stuttgart, Berlin, Köln, Mainz 1981[2].

LAZARUS-MAINKA, G./SIEBENEICK, S.: Angst und Ängstlichkeit. Göttingen 2000.

NEUMANN, P./SCHÄDLE-SCHARDT, W.: Sportklettern im Schulsport – Überlegungen zu einem mehrperspektivischen Vermittlungsansatz. In: Sportunterricht 49 (2000), 8, 244-249.

MAEHL, O./HÖHNKE, O: Aufwärmen. Ahrensburg 1988.

MARTIN, D./CARL, K./LEHNERTZ, K.: Handbuch Trainingslehre. Schorndorf 1991.

MAXEINER, J.: Konzentration und Distribution der Aufmerksamkeit im Sport. In: Sportwissenschaft 18 (1988), 409-420.

OBERBECK, H.: Seitigkeitsphänomene und Seitigkeitstypologie im Sport. Schorndorf 1989.

OSCHÜTZ, H.: Chronobiologie im Sport. In: Leistungssport 21 (1992), 4, 12-15.

RADLINGER, L./ISER, W./ZITTERMANN, H.: Bergsporttraining. München 1983.

SCHACK, T.: Ängstliche Schüler im Sport. Schorndorf 1997.

SCHÄDLE-SCHARDT, W.: Die zeitliche Gestaltung von Belastung und Entlastung im Wettkampfklettern als Element der Trainingssteuerung. In: Leistungssport 28 (1998), 23-28.

SCHÄDLE-SCHARDT, W.: Überlernen – Ein zu Unrecht vergessenes Forschungsfeld. In: Sportwissenschaft 30 (2000), 4, 454-470.

SCHMIDT, R.A.: Motor Learning and Control. A Behavioral Emphasis. Illinois 1988[2].

SCHMIDT, R.F./THEWS, G. (Hrsg.): Physiologie des Menschen. Berlin, Heidelberg, u.a. 1993[25].

SCHUBERT, F.: Psychologie zwischen Start und Ziel. Berlin 1981.

SEULEN, C.: Zeitliche Aspekte der Dynamik des Sportkletterns im Alternsgang. Münster 1999.

SPADA, H. (Hrsg.): Allgemeine Psychologie. Bern, Stuttgart, Toronto 1990.

STRIAN, F.: Angst - Grundlagen und Klinik. Berlin, Heidelberg, New York, Tokyo 1983.

THOMAS, A.: Psychologie der Handlung und Bewegung. Meisenheim 1976.

TREUTLEIN, G./FUNKE, J./SPERLE, N. (Hrsg.): Körpererfahrung im Sport. Aachen 1992[2].

VÖLP, A.: Aufmerksamkeitsstile und sportliche Leistung. In: Leistungssport 17 (1987), 4, 19-23.

ZIESCHANG, K.: Zur Bedeutung der Angst bei motorischem Lernen und Handeln. In: Sportwissenschaft 3 (1979), 237-260.

11 BILDNACHWEIS

Titelfoto: Sportpressefoto Bongarts, Hamburg
Fotos U4: M. Fickert und W. Petschke
Fotos im Innenteil siehe Bildunterschriften

Umschlaggestaltung: Birgit Engelen